KB263927

해금, 천년의 이야기

해금, 천년의 이야기

최 유 리

사계.

I can do all this through him
who gives me strength.
- Philippians 4:13

예술을 넘어
마음을 어루만지는
선율

해금은 오랜 세월 동아시아를 비롯한 다양한 지역에서 사랑받아온 찰현악기이다. 특별한 매력을 가진 악기인 해금은 사람의 목소리를 닮아, 마음속 깊은 곳을 울리는 악기이다. 흥미롭게도 이 악기는 우리나라에서 만들어진 것이 아님에도 불구하고 국악의 중심에서 독보적인 위치를 차지하고 있다.

그렇다면 다른 나라에서 전해진 악기가 어떻게 우리 음악의 상징적인 악기로 자리 잡게 되었을까? 이 질문은 해금을 배우고 연주하는 오랜 시간동안 끊임없이 떠올랐던 궁금증이다.

안다는 것은 얼마만큼 모른다는 것을 아는 것이다. 해금을 배울수록, 해금을 연주할수록 해금에 대해 내가 많이 모르는구나 싶

해금, 천년의 이야기

었다. 그래서 더 알아야겠다는 생각이 들었다.

고려시대의 가요에서 흔적이 보이던 해금은 어떻게 우리나라에 전해져 왔을까? 동아시아의 여러 나라로 퍼져나간 이 악기는 그 민족 안에서 어떤 역할을 해왔을까? 단순히 연주자의 악기를 넘어, 악기가 가진 역사적, 문화적 가치에 대한 궁금증과 탐구의 불꽃이 피어나기 시작하였다.

평생 해금을 연구하신 나의 스승, 송권준 교수님의 해금 이야기는 더욱 해금 연구의 세계로 끌어 들이기에 충분했다. 교수님의 가르침은 해금에 대한 통찰을 얻게 했고 박사 과정에서 연구의 어려움에 부딪힐 때마다 뚫고 나갈 큰 동력이 되었다.

해금의 역사와 전통을 체계적으로 정리하고 이해하기 쉽게 전달하기 위해서, 흩어져 있던 자료의 수집과 여러 갈래의 해석을 집대성하는 것은 많은 시간과 노력이 요구되었다. 하지만 이러한 작업은 해금을 사랑하는 마음과 악기의 가치를 알려 후대에까지 해금이 전수될 수 있도록 누군가 해야하는 가치있는 일이므로 결코 포기할 수 없었다. 힘들게 논문을 끝낸 후 나는, 새로운 한 가지 꿈을 꾸기 시작했다. 전문가들뿐만 아니라, 일반인들도 해금의 세계를 이해하고 즐길 수 있는 그런 책을 써보면 어떨까?

이 책은 단순히 전문적인 연구 결과를 나열하는 데 그치지 않았다. 책장을 넘기는 그 누구라도 해금이라는 악기의 매력을 발견하고, 그 역사와 문화를 느낄 수 있도록 돕고자 했다.

돌이켜 생각해 보면 내가 해금 연주자이자 교육자의 길을 걷게 된 것은 우연이 아니었다. 어린 시절 가장 가까운 곳에서 어떻게 살아야 하는지를 보여주신 분은 나의 부모님이셨다. 부모님은 소외된 이들에게 먼저 다가가 사랑을 나누고, 그들의 옆자리를 지키며 함께 하셨다. 나는 그 모습을 보며 사랑이란 보여주는 것이 아니라 곁에서 지켜보며 머무는 것임을 깨달았다.

그리고 기독의원의 김금선 원장님의 삶 또한 나에게 큰 영향을 주었다. 그분께서는 가난한 환자들에게 무료 진료를 하셨고, 평생을 헌신과 봉사가 필요한 곳 어디라도 찾아가 행하셨다. 이분들의 삶을 가까이에서 보고 자란 나 역시 내 것을 움켜쥐며 사는 것이 아니라 나누며 사는 삶을 살아야겠다는 마음이 자연스럽게 자리잡았다.

음악이 단순한 예술을 넘어 마음을 어루만질 수 있는 것을 경험하고 깨달으며, 해금은 더욱 큰 의미로 나에게 다가왔다. 이는 위로의 음악을 하겠다는 연주자로서의 다짐을 넘어, 지금은 해금 속에 담긴 정신과 가치를 공부하는 연구자의 길로 접어들게 하였다. 그리하여 나는 해금 연주자의 길을 걸으며 학문적 연구를 통해 더 넓은 해금의 세계를 누리게 되었다.

다시 한번 늘 버팀목이 되어주시는 송권준 교수님과 김애라 선생님, 연구를 도와주신 동료들, 응원과 사랑으로 나를 지지해 주는 가족들에게 감사를 드린다.

이 책을 읽는 동안 독자 여러분의 삶 속에서 해금이라는 악기를 새로운 시각으로 바라보게 하는 소중한 동행의 시간으로 다가서기를 바라며, 이 모든 과정은 주님의 은혜로 가능했음을 고백한다. 부족한 나를 사용하셔서 많은 이들에게 음악의 기쁨을 전할 수 있도록 해 주신 하나님께 모든 영광을 돌린다.

_2025년 6월,
최 유 리

해금 이야기의 시작

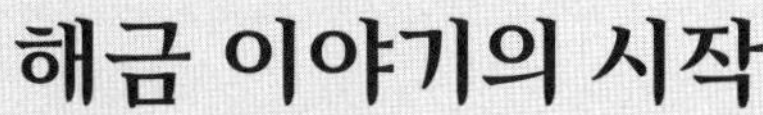

〈화성원행의궤도〉의 말을 탄 해금 악사 (국립중앙박물관)

해금의 이름과 유래

해나라의 찰현악기, 奚琴

천 년의 사랑을 받아온 악기 해금. 해금은 무슨 뜻일까? 해금의 '해奚'는 역사 속의 나라 이름이다. '금琴'은 현악기의 일반적인 명칭으로서 많은 악기에 사용되는 말이다. 종합해 보면 '해금奚琴'은 해나라奚의 현악기琴라는 뜻으로 해나라를 대표하는 악기인 것이다.

우리는 해나라에 대해 들은 적도, 본 적도, 배운 적도 없다. 만약 악기 해금이 없었다면 우리가 해나라에 관심을 갖게 되었을까? 우리에게 낯선 해나라는 놀랍게도 3세기 초부터 996년까지 장장

800년의 시간 동안 실제로 존재했던 나라였다. 『금사』 권67에는
'해·습은 나라의 이름이고 중경 땅에 있다.'라고 기록되어 있으며
[001] 해나라는 잠시 있다가 사라진 평범한 부족이 아니었다.

우리가 '해부족奚部族'으로만 알고 있는 것은 해금을 처음 소개
한 『악서樂書』의 내용 때문이다. 당시의 기록은 해나라 전체 역사
의 한 부분일 뿐인데, 우리는 해의 실체를 모르고 오로지 문헌 속
'해부족'이라는 표현만을 인용해 왔다. 그리고 이를 반복적으로
사용하다보니 해부족을 평범한 부족으로만 인식하게 된 것이다.

> 해금은 본래 胡의 악기이다. 현도(絃鼗)에서 나왔으며 모양도 비
> 슷하다. 해부족이 좋아하는 악기이다. 두 줄 사이에 죽편(竹片)으
> 로 문지른다. 예로부터 지금까지 민간에서 사용한다. 중국이 아
> 닌 남(南)·동(東) 이민족의 정취(情趣)이다.
>
> — 진양, 『악서』(1104년)

해금은 유목민의 특성과 그 생명력을 지니고 있는 악기이다.
고려 때부터 현재까지 연주되고 있는 해금을 '21세기 한국의 소
리'[002]라고 했던 정은경 교수의 말은 지나친 표현이 아니며 미래에

---

001 奚·霫 國名. 中京地也.(遼史 권116, 국어해. 1534쪽). "贊曰..庫莫奚·契丹起於漢末, 盛
　　　於隋·唐之間, 俱强爲隣國, 合幷爲君臣, 歷八百餘年, 相爲終始." 『金史』 권67, 1588쪽.
002 정은경, '해금 음악의 미학적 고찰: 21세기 한국의 소리'. 『음악과 문화』 제14호

도 해금은 한국을 대표하는 악기로 그 생명력을 이어갈 것이다.

　해금을 일컫는 우리말은 다양하다. '깡깡이' 또는 '깽깽이'라고 불리기도 했고 구비문학 혹은 고전에서는 '앵금' 또는 '행금'이라고 불리었다. 또 해금을 관악기와 합한 것 같은 '혜적嵇笛'[003]이라는 이름도 눈에 띈다[004]. '깡깡이', '깽깽이'는 해금 소리가 비성鼻聲을 닮은 데다, 송진을 발라 거친 소리를 내기 때문에 붙은 이름일 것이다. 바이올린도 우리나라에 처음 들어왔을 때는 '양깽깽이'라는 별칭이 있었다. '앵금'도 혹시 해금의 '앵앵~'거리는 소리를 비유해서 그렇게 부르지 않았을까? '행금'은 '해+앵금'이거나 행악行樂의 해금을 보고 '행금行琴'이라 하지 않았을까 생각해 본다.

　'거지 깡깡이'라는 말은 제법 오래전부터 이야기로 전해져 왔다. 조선 후기의 실학자 유득공1748-1807의 〈유우춘전〉을 보면, '해금으로 벌레와 새들의 울음 소리를 내어 보았다. 대개 거지들은 깡깡이를 들고 남의 문전에서 영감, 할멈, 어린애, 온갖 짐승, 닭, 오리, 풀벌레 소리를 내다가 곡식 몇 줌 받아들고 가지 않던가?'

(2006. 3), 세계음악학회, 177쪽.

003　김수장(金壽長 1690~?)의 풍류놀음 기록에 '가즌 혜적'이 이런 생각을 갖게 한다. '죠흔 벗 가즌 혜적(嵇笛) 아름다온 아모가히 제일명창들아…' '가얏고 거믄고에 가즌 혜적(嵇笛) 섯겻는듸 남녀가창으로 종일토록 노니다가…'

004　송혜진·강운구, 『한국악기』(열화당, 2001), 114쪽.

라고 묘사하고 있다.

　이런 장면은 근대까지도 이어졌다. 국악인 최종민은 1995년 월간 『객석』의 「악기 소리를 찾아서—해금/아쟁」 편에서 "내가 어렸을 때만 해도 장날이면 해금을 켜면서 구걸하는 사람을 쉬 만날 수 있었다. 그들이 켜는 해금은 좀 조잡스럽게 만든 것이었는데, 해금의 주아 위에 새를 조각해 올려놓고 가게마다 들르며 인사할 때 해금 소리를 '응애~'하고 내면 그 새가 머리를 조아리며 꾸벅하고 인사를 하게 하는 것이었다."고 쓰고 있다.

　이처럼 행인이 모이는 장터에서 이렇게 재주를 파는 예인이 즐겨 연주한 악기가 해금이었다. 해금으로 표현하기 좋은 레퍼토리가 많았고, 연주자의 능력과 기호에 따라 선택하였을 것이다. 마치 신라시대에 백결 선생이 거문고로 방아찧는 소리를 묘사했듯이, 해금은 다양한 묘사에 매우 적합한 악기였다[005].

　해금은 유랑 예인의 한 집단을 이루던 '풍각쟁이패'의 필수 악기인가 하면, 이야기책을 실감나게 읽어주던 전기수들은 해금 연주자를 대동하여 해금 소리를 효과 음악처럼 쓰기도 했다. 그리고 걸인 악사들은 자루 속에 해금을 넣고 다니다가 사람들이 많이 모인 곳이면 어디서나 해금을 꺼내 들고 새가 우는 소리를 흉

005　안대회(성균관대 교수·한문학), 「조선의 비주류 인생」 774호, 한겨레 21.

내를 낸다거나, 쫓기는 쥐, 몇 날 동안 굶어 기운 없는 노인의 목소리를 묘사했다. 1930년대 까지만 해도 해금을 연주하는 걸인이 있었다고 한다.

해금의 다양한 표현력은 현대에 와서 창작음악의 바탕이 되었다. 새로운 해금곡의 소재로 새의 울음소리, 닭의 동작과 소리, 강아지의 모습과 짖는 소리, 다람쥐의 노니는 모습[006], 고양이의 동작과 자태[007] 등이 묘사되었다. 이런 음악들은 '깡깡이' 시절의 유산으로 다른 악기들은 표현할 수 없는 해금만의 개성이자 장점이라고 할 수 있다.

해금이 걸인의 악기였다는 것은 그만큼 대중 친화적이었다는 것을 말해 준다. 그 점은 과거만의 이야기가 아니다. 예인들의 재주를 뛰어넘어 해금은 이제 동서고금을 아우르는 악기가 되었다. 해금은 이 땅에 들어올 때나, 임금 앞에서 연주할 때나, 거지 깡깡이 시절이나, 지금까지도 그 모습 그대로 변함이 없다.

해금은 겉모양이 화려하지 않고 단순하여 기대감이 없어 보이는 악기이다. 그러나 해금이 소리를 내면 다들 놀라고 신기해하며 신비로운 선율 속에 빠져 들기도 한다. 해금의 소리는 헤아릴 수

---

006 김영재 작곡, 조명곡(鳥鳴曲,1995)·계명곡(鷄鳴曲, 1995)·견명곡(犬鳴曲, 1997)·숲 속 다람쥐(1999)
007 방병원 작곡, 미야옹(美惹嗡, 2011)

없는 깊은 울림으로 우리에게 다가오기 때문이다.

북방 유목민의 악기였던 해금은 기나긴 역사 속에서 수많은 이야기를 품고 이어오며 삶을 음악으로 풀어내며 우리에게 사랑받아 왔다. 너무 늦었지만 비로소 해금에 대한 이야기를 깊고 넓게 해 보려고 한다.

해금의 구조와 특징

해금의 부분 명칭과 재료

　해금에 대한 설명으로 1493년에 편찬된 『악학궤범』만큼 자세한 것은 없다.

　『악학궤범』에 의하면, '해금 만드는데 쓰이는 재료는 공명통에는 화리華梨, 황상黃桑, 대죽大竹, 산유자山柚子 같은 단단한 나무를 쓰고 주아와 원산도 이와 같다. 복판은 두충杜冲·오동나무를 쓴다. 입죽立竹은 해묵고 마디가 많은 오반죽烏斑竹을 쓰고, 또 주철柱鐵. 쇠막대기로 입죽 속을 뚫어 박아 아래통에 꽂는다. 주아를 꽂는 구멍과 아래 끝은 모두 은이나 두석豆錫으로 씌우고, 또 은이나 두석

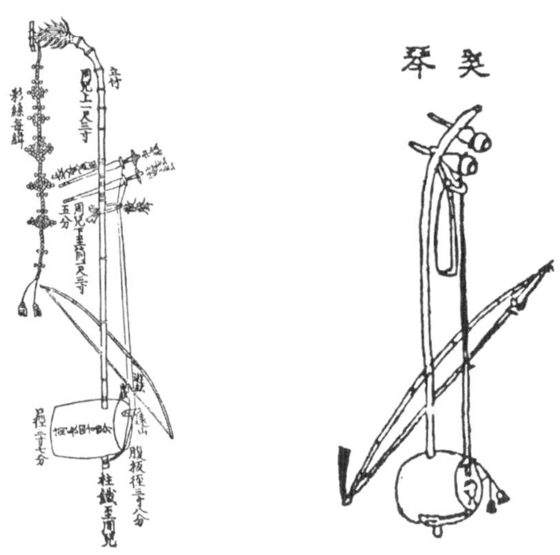

1493년 『악학궤범』의 해금과 1848년 헌종 무신 진찬의궤의 해금

의 실로 감아 맨다. 중현中絃이 조금 굵고 유현遊絃은 그 보다 가늘다. 가는 가죽細皮 또는 채승彩繩으로 주아의 아래 두 치쯤에서 두 줄을 동여매고 그것을 산성散聲 즉 허현虛絃으로 한다. 출단화목黜壇花木[008]의 푸른 껍질을 벗겨서 혹은 오죽烏竹, 해죽海竹으로 활대를 만들고, 말총으로 활시위를 만들고 송진을 칠해서 마찰한다. 왼손으로 줄을 짚고 오른손으로 활을 긋는다. 향악에서만 연주한다.'고 하였다. 『악학궤범』의 내용을 중심으로 해금의 부분별로 그 이름과 재료를 살펴보고자 한다.

---

008   장미과의 나무.

해금의 구조와 부분 명칭 (1)

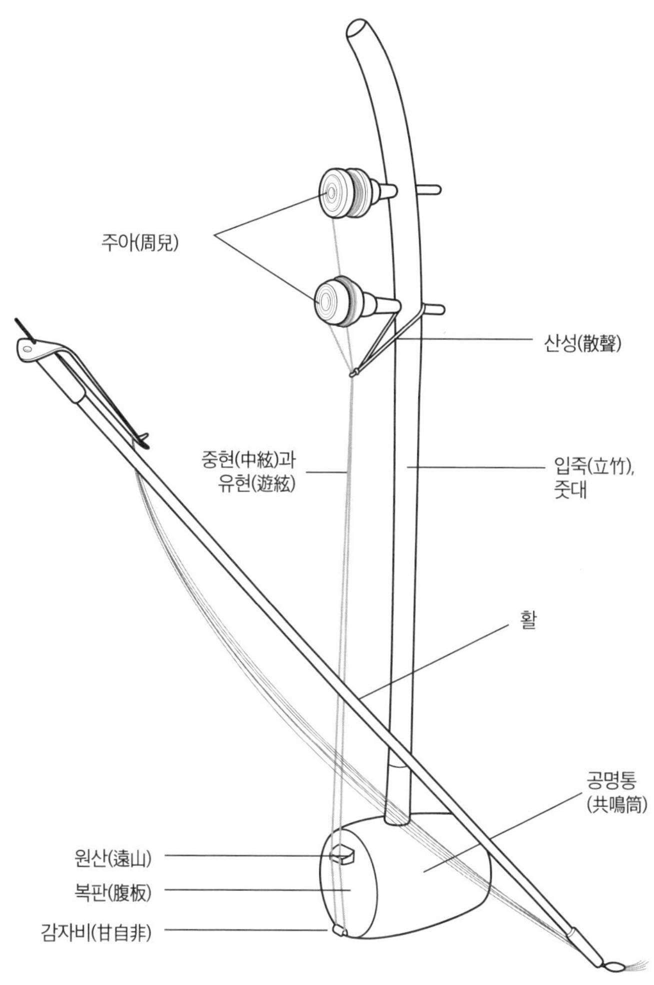

그림 : 국립국악원

입죽(立竹), 줏대

입죽은 '세워져 있는 대나무'를 말하고, 줏대는 '기둥 같은 대나무'의 뜻이다. 입죽은 예전에 마디가 촘촘하고 검은 얼룩무늬가 있는 오반죽을 사용하였고, 그 뿌리는 입죽의 머리로 장식하여 바깥쪽으로 굽어지게 하여, 안에 주철을 박아 공명통에 꽂았다. 공명통에 연결되는 입죽 부분은 은이나 두석으로 감싸 견고히 하고 말총의 마찰 부위를 보호하였다. 백동白銅, 구리, 소뼈, 옥을 사용하기도 하였다.

1848년 이후에는 대나무 마디를 매끈하게 다듬거나 나무를 깎아 입죽을 삼았다. 머리에는 장식을 없애고 안쪽으로 굽어지게 만들었다.

주철(柱鐵, 쇠막대기)

주철로 입죽 속을 뚫어 박은 뒤 공명통에 꽂아 관통하여 밑에 고정시킨다. 『악학궤범』 당시에는 주철의 맨 아래 끝에 두 줄을 매어 사용하였다가 1848년 이후 근대에는 주철 끝에 감자비를 첨가하여 연결하도록 구조가 개량되었다.

주철은 입죽과 공명통의 연결에 꼭 필요할 뿐만 아니라 입죽이 잘 부러지지 않고 버틸 수 있도록 지탱하는 역할도 한다.

   해금, 천년의 이야기

공명통(共鳴筒, 울림통)

공명통은 화리華梨, 황상黃桑, 대죽大竹, 산유자山柚子와 같은 단단한 나무를 사용했다. 요즘은 주로 대나무의 뿌리나 줄기로 만들기도 한다[009].

공명통의 위는 입죽과 연결되고 밑에는 감자비가 주철 끝에 끼워져 붙어 있게 된다. 한쪽은 복판으로 막아 줄의 울림을 크게 공명시킨다. 공명통을 만들 때는 황토칠과 옻칠을 하며 예전에는 통의 안쪽에 따로 붉은 칠[010]을 입혔다. 황토나 돌가루 등 어떤 염료를 사용했는지 정확히 알 수 없으나 나중에는 붉은 페인트를 칠한 해금들도 등장했다.

복판(腹板)

복판은 단단한 두충杜冲이나 울림이 잘되는 오동나무를 쓴다. 가장자리는 얇게 하고 가운데로 갈수록 약간 두껍게 하여 전체적으로 볼록하게 만든다. 이는 복판의 내구성도 높이고 원산을 옮겨 음색과 음량을 조절할 수 있는 특징이 있다.

---

009 대의 뿌리 부분을 있는 그대로 다듬어 쓰는 원통을 상품으로 쳤다. 해금 명인 지영희가 "원통 해금 하나를 쌀 두 섬과 바꾸었다"면서 "원통 해금은 아무데나 쥐고 사용을 해도 변성(變聲)이 없고 청아한 소리가 난다." 대통을 잘라 만든 '갈통 해금'보다 '원통 해금'을 선호했음을 알 수 있다. 송혜진·강운구, 『한국악기』(열화당, 2001), 118쪽.
010 '통 안쪽에는 붉은색 칠(石潤)을 한다.' 앞의 책.

감자비(甘自非, 감잡이)

감자비는 한자 '甘自非감자비'를 빌려 쓴 말로 『악학궤범』에는 보이지 않다가 1848년 이후 해금의 그림에서 나타나기 시작하는데, '감아서 잡아준다'는 뜻으로 가구의 접합 부분이나 모서리를 보호해 주는 금구장식을 말한다. 해금의 감자비는 공명통과 복판의 아래 부분을 감싸서 잡아주고 두 줄을 꿰어 매어 고정하는 역할을 하는 'ㄴ'자 모양으로 구부러진 쇠붙이이다. 감자비가 없었을 때는 주철 끝에 줄을 매어 사용하였다.

주아(周兒, 줄감개)

주아는 '해금의 줄을 감아서, 돌리는周 작고 귀여운 물건兒'이라는 뜻이다. 공명통처럼 화리華梨·황상黃桑·대죽大竹·산유자山柚子 같은 단단한 나무를 사용했다. 주아를 꽂는 구멍과 아래 끝은 모두 은이나 두석豆錫으로 씌우고, 또 은이나 두석의 실로 감아 매었다. 주아는 중현과 유현 두 줄의 장력張力을 감당하며 음높이를 조절하는 기능을 담당한다.

중현(中絃)과 유현(遊絃)

중현은 안쪽 줄이고 굵은 줄이다. 유현에 비해 음이 낮고 폭이 넓은 소리를 낸다. 앙칼진 고음에 치우치지 않도록 중심을 잡아

주며 음양의 조화를 이루기 위해 중심을 잡아주는 줄, 그래서 그 이름이 중현中絃이다. 유현은 바깥 줄이고 가는 줄이다. 중현의 뒷 받침을 믿고 유유자적 자유롭게 노닐고 춤출 수 있는 줄, 그래서 유현遊絃이다. 현악기마다 많은 줄 이름들이 있지만 유현만한 것이 없다. 이 두 줄은 주아에 몸을 맡기고 원산을 넘어 감자비에 매여 긴장을 품으면 비로소 울림을 기다리게 된다. 해금은 비록 두 줄 밖에 없지만 이 두 줄의 안팎 어울림이 있어 금슬도 부럽지 않은 악기이다.

원산(遠山)

해금의 두 줄을 받치고 버텨 울림을 그대로 전하는 것이 원산이다. 원산은 멀리만 있지 않고 우리 가까이도 있다. 안경테의 좌우 두 렌즈를 이어주는 부분이 원산이고, 한옥의 대문을 여닫을 때 문이 필요 이상 넘어가지 않도록 박아 놓은 붙박이 돌도 원산이다. 해금의 원산은 화리, 황상, 대죽, 산유자와 같은 단단한 나무를 쓴다고 했지만 박의 꼭지 부분을 쓰기도 한다. 원산의 재질과 크기, 복판에 놓는 위치에 따라 음색과 음량이 달라지므로 세심하게 사용해야 한다.

공명통은 해금의 음량과 음색을 결정짓는 중요한 부분이다. 한쪽은 뚫려 있고, 다른 쪽은 복판으로 막혀 있다.

대나무로 만든 입죽의 윗부분에 주아를 수평으로 나란히 두개를 꽂았다. 주아에 중현과 유현의 두 줄을 감았다.

주아 두 치 아래쯤, 중현과 유현 아래의 두 줄을 묶어 매는데, 이 매듭을 '산성'이라 부른다.

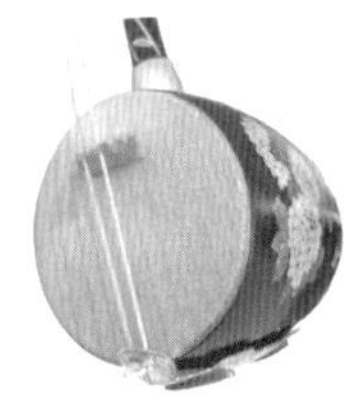

막힌 공명통의 복판 위에 원산을 세워 줄을 받치게 하였다. 원산은 복판과 줄 사이에 공간을 형성하며, 활로 줄을 켤 때 진동을 몸통으로 전달하는 역할을 한다.

해금의 몸통에 꽂은 입죽을 고정하고, 두 줄을 단단히 잡아주기 위해 공명통 하단에 부착한 금속을 '감자비'라고 하며, 감자비는 주철을 끼워 고정한다.

활 - 활대, 말총, 손잡이

출단화목黜壇花木의 푸른 껍질을 벗겨서 혹은 오죽烏竹, 해죽海竹으로 활대를 만들고, 양 끝 마구리는 은, 백동白銅, 두석豆錫, 구리 등을 사용하여 내구성을 높인다. 활대는 말총을 매었을 때 약간 탄력이 있어야 활을 쓸 때 힘 조절하기가 좋다. 말총은 대개 말의 꼬리털을 사용하지만 목덜미와 등 사이의 갈기털을 쓰기도 한다. 활의 가죽 손잡이는 『악학궤범』 당시에는 따로 없었는데 1848년 이후에 새로 사용된 것으로 보인다.

산성(散聲)

가느다란 가죽 끈이나 오색 비단실로 가늘게 꼰 채승彩繩으로 주아의 아래 두 치쯤에 해금의 두 줄을 묶어 매고 그것을 산성散聲 즉 허현虛絃이라고 하였다. 산성은 줄을 손으로 짚지 않고 소리 내는 개방현開放絃의 음을 말한다. 금琴의 주법에서도 개방현을 산성散聲이라고 하며, 그것을 허현성虛絃聲이라고도 한다.

채사매듭(彩絲每緝)과 낙영(絡纓)[011]

『악학궤범』 당시에는 입죽의 모양이 현재와는 달랐고 그 끝머

011　낙영의 한자 표기가 洛瓔, 落纓, 絡纓 등 여럿이 보이나, '絡(명주, 깁) 纓(장식 끈, 술)'의 뜻이 맞을 것 같다.

리에는 색실로 꼬아 만든 채사매듭을 장식으로 매달았다. 그 후 1848년부터는 입죽의 형태도 바뀌고 그에 따라 매듭 대신 낙영이 새로 등장하였다. 근래에는 창작 음악의 영향과 편리성에 밀려 낙영이 거의 사용되지 않고 있다.

해금의 재료 팔음(八音)

국악기를 만드는 모든 재료는 여덟 가지로 분류되는데 재료에 따라 소리의 특성이 다르기 때문에 팔음八音이라 하였다. 팔음을 모두 사용한 유일한 악기가 해금인데 재료의 변화에 따라 새로운 명색名色을 얻게 된 셈이다. 다음의 여덟 가지 재료는 해금의 여러 부분에서 사용된다.

- 금(金, 쇠): 주철, 감자비, 입죽의 하단, 주아의 구멍, 활대의 양쪽 마구리
- 석(石, 돌): 공명통 내부의 칠, 입죽과 공명통의 연결 부분
- 사(絲, 실): 중현과 유현 두 줄, 매듭 장식, 산성의 끈, 주아의 끈, 말총
- 죽(竹, 대나무): 공명통, 입죽, 활대
- 포(匏, 박): 원산
- 토(土, 흙): 공명통의 황토 칠

─ 혁(革, 가죽): 산성의 끈, 활의 손잡이

─ 목(木, 나무): 공명통, 복판, 주아, 원산, 활대

그림에서 찾은 해금

1104년 중국 송나라의 『악서』에 해금奚琴 최초의 그림이 실려 있다. 죽편竹片으로 연주한다고 기록되어 있는데 죽편이 그려져 있지는 않다. 우리나라 최초의 해금 그림은 세종실록 오례에 나타나는데 입죽立竹의 굽은 방향이 바깥쪽인 점이 현재와 다르다. 『국조오례서례』의 해금도 그와 같다. 『악학궤범』의 해금은 가장 세밀하고 정확한 그림이다. 부분의 명칭과 규격까지 상세히 기록하였다. 1848년 헌종 무신 진찬의궤부터는 입죽의 방향이 현재처럼 안쪽으로 굽어있다.

역대 해금 그림들을 보면 몇가지 형태의 차이를 보이고 있다. 입죽의 모양, 입죽의 굽은 방향, 매듭彩絲每結 장식과 낙영絡纓, 감자비, 활의 손잡이가 그것이다.

우선 입죽의 모양을 보면 최초의 그림인 1454년 세종실록 오례부터 1829년 순조 기축 진찬의궤까지는 대나무의 마디를 분명

奚琴本胡樂也出於絃鼗而形亦類焉奚部所好之樂
也蓋其制兩絃間以竹片軋之至今民間用焉非用夏
變夷之意也

『악서』(원나라 남감인본)

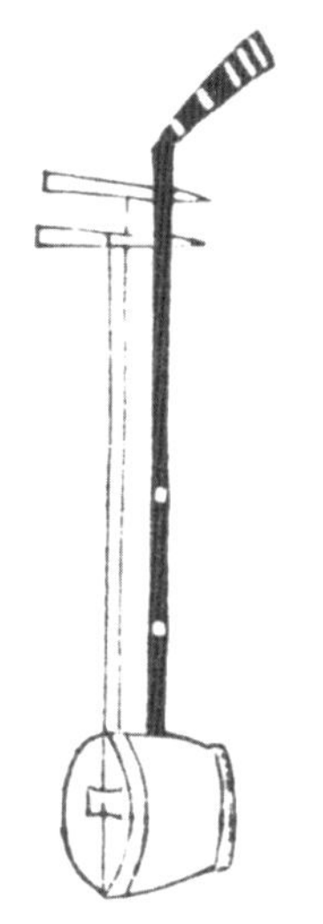

『악서』(청나라 광주판본)

해금, 천년의 이야기

하게 나타내고 그 뿌리를 입죽의 머리로 사용하고 있다. 입죽의 굽은 방향은 바깥쪽이며 맨 위쪽에 매듭을 매어 늘어뜨리고 있다. 공명통의 밑에는 주철이 나와 있고 감자비는 보이지 않는다. 활은 따로 손잡이가 없다.『악학궤범』의 구체적인 그림에도 손잡이가 없는 것을 보면 당시에는 활의 끝 쪽을 그대로 손으로 잡고 연주했던 것 같다.

1848년 헌종 무신 진찬의궤 이후의 해금은 입죽을 매끈하게 다듬어 사용하고 머리에는 뿌리 부분이 없다. 입죽의 방향도 안쪽으로 굽어지도록 반대로 바뀌었으며, 매듭 장식도 없어지고 아래 주아에 낙영을 매달아 장식하고 있다.

공명통 밑의 감자비도 이때 나타나며 활의 손잡이가 처음 보이는 것도 이때부터이다. 활의 손잡이의 등장은 연주법과 관련하여 중요한 변화이다.

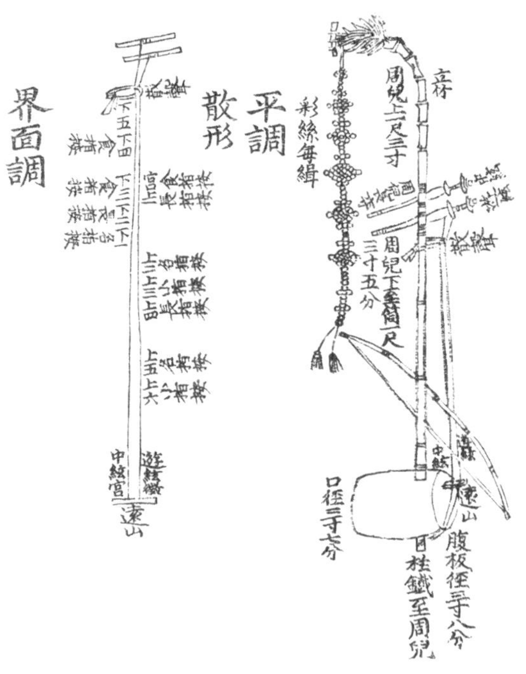

『악학궤범』의 해금
(서울대학교 규장각한국학연구원)
『악학궤범』 속 해금에는 해금 연주자의 손을 가리기 위한
화려한 장식이 그려져 있다.

해금의 역사

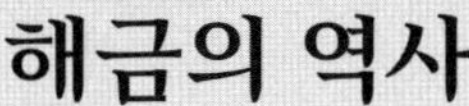

시대미상, 채용신의 〈평생도〉(국립중앙박물관)

해나라와 해금의 전래

해족은 누구인가?

『악서』에서 해금을 설명하는 첫 구절에 '해금은 본래 胡의 악기이다'[012]라고 쓰고 있다. 『문헌통고』에서도 해금을 '호胡의 해부족이 좋아하는 악기'[013]로 기록하고 있다. 뿐만 아니라 『악서』에서는 '진한비파는 본래 胡人의 현도에서 나왔다'[014]고 하여, 해금의 모체라고 하는 현도까지 호인胡人의 악기라 하고 있다.

---

012 奚琴本胡樂也.
013 胡中奚部所好之樂.
014 秦漢琵琶本出於胡人絃鼗.

『악서』의 호부악기와 그 해당 지역

호부 악기	해당 지역
정동발(正銅鈸)	고창(高昌)·소륵(疎勒)
화동발(和銅鈸)	서융(西戎)
호부(胡缶)	서융
갈고(羯鼓)	구자(龜玆)·고창·소륵·천축(天竺)
첨고(檐鼓)	서량(西凉)
모원고(毛員鼓)	부남(扶南)·천축
답랍고(答臘鼓)	구자·소륵
계루고(雞婁鼓)	구자·소륵·고창
제고(齊鼓)	서량
도뢰(鞉牢)	구자
해금(奚琴)	**胡**
진한비파	胡
구자비파	구자
피리	강호(羌胡)·구자
쌍피리	호부 안국(安國)
21관 소	구자
대호가(大胡笳)	서융
횡취(橫吹)	胡·서역
의취적	서량

현재 중국의 해금류 악기를 보더라도 그 명칭에는 거의 胡가 붙는다. 예를 들면 호금胡琴·이호二胡·경호京胡·오호奧胡·야호椰胡·사호四胡·판호板胡·남호南胡 등이다. 일본에서도 유일한 찰현 악기는 호궁胡弓[015]이라 한다. 이와 같이 해금과 胡는 매우 밀접한 관계가 있다. 그렇다면 중국이 과거부터 말해온 胡는 어디를 말한 것인지 궁금하다.

胡는 진나라 이전에는 북방 유목민족인 흉노匈奴만을 일컬었으나 5호 16국 시대五胡十六國 時代. 304~439[016] 이후에는 중국을 제외한 국경 밖 이민족의 총칭이 되었다. 따라서 실제 어휘에 나타나는 胡는 만주, 몽골, 중앙아시아, 아라비아 등을 폭넓게 가리키고 있다. 우리나라에서 '胡'는 주로 '오랑캐'라고 하여 청나라의 여진족을 가리키는 말로 사용되었는데, 중국을 가리키는 말로 아울러 쓰기도 했다.

이러한 사실을 뒷받침하는 것으로써, 『악부잡록』 등에 의하면 당시 성행했던 악무樂舞를 5종으로 나누고 그중 건무建舞에 호선胡

---

015 일본의 찰현악기로 유일하며, 3현 또는 4현으로 고또, 샤미센 등과 합주하는 데에 쓰였다. 후에는 샤쿠하치가 대신 쓰이게 되었다. 한만영·전인평 《동양음악》(서울: 삼호출판사, 1989) 141쪽.

016 5호(五胡)는 흉노(匈奴), 갈(羯, 흉노의 별종), 선비(鮮卑, 투르크족), 저(氐, 티베트계), 강(羌, 티베트계)의 이민족을 말하는데, 실제로는 비 한족계 여러 민족"으로 해석하면 될 것이다. 16국이란 말도 실제로 이 시기에 세워진 나라는 16개가 넘는다.

旋, 호등胡騰 등 페르시아계의 무용이 포함되어 있다[017].『악서』에서는 호부胡部 악기를 설명하는 가운데 그 해당 지역을 중국 서쪽의 여러 지명으로 기록하고 있다. 많은 호부 악기는 대개 서역西域 여러 지역에 분포하고 있어 '胡는 곧 서역'이라고 추정할 수도 있다.

그러나 갈고羯鼓와 모원고毛員鼓의 악기 분포에서 보듯이 중앙아시아 외에도 태국과 캄보디아에 크메르족이 세운 나라인 부남, 천국이라 불렸던 인도를 포함한 지역까지 호부의 악기가 전파되어 있는 것을 확인할 수 있다.

이처럼 호胡의 범위는 매우 넓다. 호부족 중 해금의 기원이라 알려진 해부족은 중국에서는 '동부호지종東部胡之種'이라고 말하고 있다. 동부 호족의 후손이라는 이 말은 동쪽의 호胡로서 해奚를 중심으로 오대산 일대에 사는 동호인 오환烏丸, 선비산 일대에 사는 동호인 선비鮮卑 등 여러 종족을 포함하고 있다.

해는 수나라 이전에는 庫莫奚고모해로 불렸다[018]고 하고, 고모해는 한나라 말에 거란과 함께 일어났다[019]고 하였다. 따라서 해고모

017 　藤井知昭 저·심우성 역『아시아 민족음악의 순례』(서울: 동문선, 1990), 39쪽.

018 　『唐書』권 219, 열전 144, 北狄, 6173쪽. "至隋始去「庫眞」, 但曰奚." 위서(魏書)와 북사(北史)에는 고막해(庫莫奚)라 하였는데, 당서(唐書)에는 '고진해(庫眞奚)'라 한 점이 다르다.

019 　『金史』권67, 1588쪽. "贊曰..庫莫奚(고모해)·契丹起於漢末, 盛於隋·唐之間, 俱强爲隣國, 合幷爲君臣, 歷八百餘年, 相爲終始."

해의 기원은 3세기 초 무렵으로 추정할 수 있다.

그렇다면 고모해는 어느 종족이 세운 것일까?

고모해를 처음 기록한 『위서魏書』에 의하면 고모해국庫莫奚國의 조상은 동부 우문宇文 계통의 다른 종족이다. 또 다른 기록인 『주서周書』에 의하면 고막해庫莫奚는 선비 계통의 다른 종족이고 『수서隋書』의 기록에는 해는 동부호東部胡의 종족이며 『구당서舊唐書』에서는 흉노 계통의 다른 종족이다. 말하자면 고막해의 종족은 우문, 선비, 흉노, 동부호와 뿌리가 같다.

동부호에 대해서는 BC 475~221년 전국시대에 중국인은 흉노를 '호胡'라 총칭하였고 흉노보다 동쪽의 민족을 '동호東胡', 서쪽의 민족을 '임호林胡'라 불렀다고 한다[020]. 동호는 전국시대에 요하遼河와 상류의 시라무룬강 유역에서 유목과 수렵생활을 하며 살다가 후에 한漢나라 부근으로 옮겨와 농업과 수공업도 발전시켰다.

이처럼 해족의 뿌리는 胡, 東胡 등 중국 밖 동북지역의 유목민족이다. 그런 까닭에 해금을 '본래 胡의 악기'라고 한 것이다.

---

020 사와다 이사오 저, 김숙경 역, 『흉노』(아이필드, 2008), 17쪽.

'해나라'의 놀라운 역사

　해나라는 3세기 초 무렵 '庫莫奚고막해, 고모해, 고멱해'라는 이름으로 건국하였다. 그 후 400년 정도가 지나고 중국의 수나라隋. 581~619 때부터 '해奚'로 바뀌었다. 중국의 정사인 『금사金史』에 '해는 한漢나라 말기에 건국하여 북주·수·당나라 때 강성했고 800년 동안 존속했다'고 기록되어 있다. 해는 비록 역사의 무대에서 크게 빛을 내지는 못했지만 요서지역에서 800년 역사를 가졌던 것은 중국의 다른 왕조에서는 거의 볼 수 없는 것이다.

　흉노에 뿌리를 둔 유목민족이 세운 나라 해는 중국의 만리장성 밖 북동쪽 대흥안령大興安嶺 산맥의 남쪽 끝으로부터 현재의 요령성 남부의 라오하강과 시라무룬강의 유역에 이르며 적봉시赤峰市, 영성시寧城市를 포함하는 지역에 위치 하였다. 이 지역은 중국의 황하문명보다 수천 년 앞서는 고조선 문명의 발상지로 우리 민족에게 중요한 지역이다.

　해는 씨족을 근간으로 부락을 형성하여 단결력이 강했고, 강력한 군사력과 유연한 대외전략으로 자신의 영토를 보존하며 정체성을 지켰다. 해의 지도자에 대한 호칭은 중국의 사서에 다양하게 나타나는데 정세와 국제관계에 따라 호수豪帥, 존장尊長, 수령首領,

대추大酋, 대수령大首領, 해왕奚王 등으로 기록하였다. 해의 긴 역사를 간략하게 살펴보면 다음과 같다.

3세기 초 '庫莫奚'를 건국하였고, 581년 이후 '해'로 바꾸었다.

4세기 말 庫莫奚는 당시 중국의 북위와 전쟁을 거듭하였으며 강대국이었던 수·당나라 때 가장 강력하게 맞섰다.

648년 당은 해에 요락도독부饒樂都督府를 설치하였다. 그 후 696년 측천무후 때 반란하여 돌궐과 동맹이 되었다.

712년 당의 12만 대군이 해를 기습 공격하였으나 물리쳤다. 그러자 당은 공주를 해왕에게 시집을 보내며 친화정책을 썼다. 이후 100여 년간 강한 군사력으로 당과 대등하게 맞섰으며 당나라가 망할 때까지 화친과 전쟁을 반복하였다.

847년 당과의 전쟁에서 패하여 장락帳落 20만이 불에 타고 양과 소 7만 마리, 수레 5백승을 빼앗기기도 하였다. 9세기 말에는 거란의 핍박이 심하여 해의 일부가 현재 북경의 북서쪽인 규주嬀州 북산으로 이주하여 서해西奚를 새로 세웠다.

906년 10월 오마산烏馬山에 있던 해가 봉기하였으나 거란에게 패하였다.

911년에는 서부해가 거란이 세운 요遼나라에 의해 정벌되었다. 그 후 해는 험난한 지형에 의지하여 계속 저항하였으나 동부해 마저 패하였다. 이후 해는 요의 친정親政을 받게 되었다.

923년 요나라의 친정 아래에서 서해는 후당後唐. 923~936에 여러 번 사신을 보내 조공하며 관계를 맺었다. 이후 후당이 요나라에 의해 멸망당하고 해는 요에 복종하게 되었다. 996년에는 해왕 화삭노和朔奴가 995년 올야를 정벌하다가 죽었다. 이를 계기로 요나라는 제후와 같은 지위를 누리던 해왕부를 해체하고 해의 옛 땅에 대한 소유권을 회수하였다. 이로써 해가 요에 완전 복속당하였다.

1122년 해가 요의 지배를 받은 지 200여 년이 지나 여진족의 금나라가 요를 침략하자 그 틈을 타서 해왕 회리보奚王 回离保가 전가산箭笴山에서 스스로 해국 황제라 칭하고, 연호를 천복天復으로 고치고, 해·한·발해의 세 추밀원樞密院을 설치하고, 동·서 두 절도사節度使를 왕으로 책봉하는 등 체제를 갖추었다.

그 후 1123년 5월에 회리보가 남하하여 연燕을 침범하였으나 패하고 달아나 궤멸당하였다. 이러한 해의 독립 재건은 오래가지 못하고 금나라에 의해 무너지고 말았다. 비록 짧은 역사였지만 해의 정체성을 각인시켜준 역사적 기록이었다.

1125년 요는 금에게 멸망당하고 해도 금에 복속당하게 된다. 당시 해는 모두 13부족, 28부락, 101장막, 362족이 있다고 기록되었다.

800년 해의 역사는 거란족이 세운 요의 지배 아래 결국 묻히고 말았다. 그러나 해와 거란은 뿌리가 같고 거란은 인구를 보충하기 위하여 해인들을 중용하였으며, 해와 같이 인구가 많은 대부족은 따로 왕을 책봉하여 자치를 허용하였다. 해인들은 요에게 복속당한 초기에는 가혹한 통치에 반발하여 대규모 반란을 일으켰다. 그러나 요의 통치가 개선되면서 거란인과 동등한 대우를 받게 되었고 이에 따라 준 지배계급으로서 공존할 수 있었다. 이러한 해의 저력은 요의 통치 이후에도 지속되어 금나라 때까지 영향을 미쳤으며, 이는 역사 기록에서도 확인할 수 있다.

해나라가 오랜 역사를 지녔음에도 그 존재가 잘 알려지지 않았던 것은 중국의 강성한 여러 나라들과 대치하면서 오랜기간 존속하였으나 중국을 정복할 만큼 강하지는 못하였고, 결국 같은 유목민의 나라였던 요나라에 복속당하고 말았기 때문이다.

만약 해금이 세상에 알려지지 않았다면 해나라는 역사 속에서 영원히 잠들어 버렸을지도 모른다. 800여 년을 이어온 해의 끈질긴 생명력은 다른 민족에서는 흔히 볼 수 없는 것이었고, 그들의 악기인 해금을 통해 역사의 수면 위로 떠오르게 되었다. 해인들의 역사를 살펴보면 강인함, 인내, 끈기, 애환, 유연함, 저항정신 등이 단어로 설명할 수 있다. 해나라가 사라진 지 천 년이 지난 지금 그

들의 역사 속 정신이 해금의 선율을 타고 오늘날 우리에게 이어
지고 있는 듯 하다.

해족은 어떻게 살았나?

　해는 목축을 주로 하여 물과 초원을 따라 이동하는 유목민족이
었지만 한편으로는 농사도 짓는 목주농부牧主農副의 형태였다. 목
축에서는 말이 가장 중요하였는데 그 이유는 부족들 사이의 통신
과 협력을 위한 이동성, 전투의 기동성, 식량의 부차적 공급원으
로 중요한 역할을 하였기 때문이다. 양은 목축업의 기반으로 식
량·가죽·연료를 제공하였고, 가축 중 가장 많은 비율을 차지하였
다. 그리고 농경정착 생활의 일면을 말해주는 가축으로 돼지가 포
함되어 있었다. 그러나 고정된 지역에서의 농사가 아니었고 몇 년
에 한번씩 농지를 변경하는 형태로, 메마르고 척박한 땅에 적합한
것이었다. 해는 기장 농사를 많이 지었고 수확한 곡식은 산 밑의
움에 저장하며 나무를 잘라 절구를 만들고 질그릇 솥에 된죽을 만
들어 찬물에 섞어 먹었다.
　유목민들이 기장을 먹었다는 기록은 흉노의 유적에서도 확인
되고 있다. 몽골의 울란바토르 북쪽의 노인울라 분묘와 바이칼호

남안의 이보르가 성터에서 수많은 기장, 조, 콩류의 유물이 발견되고 있다. 기장은 좁쌀과 비슷하고 밥에 넣어 먹거나 떡이나 술로 만들어 먹기도 하였고 가축 사료로 쓰이는 등 식량으로만 사용되지 않았다. 그러나 흉노에서 조금씩 곡식을 먹는 풍습이 그들의 식문화에 스며들고 있었음은 부인할 수 없다. 사와다 아사오의 『흉노』에 나타나듯이 후한 때에도 복종한 남흉노에게 다량의 곡류를 지급했던 것으로 보아, 후대에 이르러 곡물을 먹는 풍습이 눈에 띄게 형성되었음을 쉽게 알 수 있다[021]. 그러나 해의 특산물이 명마와 마차였다는 점은 해가 여전히 유목민의 특성이 강했다는 것을 말해 준다.

해의 군주는 늘 5백 명의 병사로 본영을 지키게 하고, 나머지 부족들은 산과 계곡 사이에 흩어져 살았다. 해족은 활을 잘 쏘아서 사냥을 잘 하였고 약탈도 자주 하였다. 약탈은 오늘날과 달리 유목사회 경제활동의 하나로 약탈의 대상은 가축과 사람이었다. 가축 중에서는 군마가 주요 대상이었고, 농업과 제철 등 수공업에 종사하는 사람들을 끌고 갔다. 그들은 약탈로 일상생활에 필요한 물품을 모두 충족할 수 없었으므로 필요한 품목은 교역을 통해서 해결하고자 하였다. 해는 중국과의 교역을 적극적으로 희망

021　사와다 이사오 저, 김숙경 역, 『흉노』(아이필드, 2008), 116쪽.

했으나 중국의 입장에서는 해를 견제할 필요가 있었으므로 교역을 쉽게 허락하지 않고 제한된 범위 안에서만 하도록 감독했다.

해는 강한 군사력을 바탕으로 전쟁을 자주 하였다. 전투에서 취득한 물품은 노획한 자에게 주어졌고, 사람을 노획했으면 그에게 노비로 주었다. 해가 전쟁을 자주 할 수 있었던 것은 산을 잘 타는 강한 군마와 수준 높은 철기 제조 기술로 무기가 개발되었기 때문이다. 요나라가 나타나기 훨씬 이전부터 해는 금속을 가공하는 기술이 전문화되어 있었다. 이렇게 금속가공이 발달할 수 있었던 것은 내몽고 등지에는 철광석이 많이 묻혀 있어 철기 생산의 천연 조건을 제공받았기 때문이다.

한편으로 해는 중국 왕조의 조공朝貢 체제를 적극 수용하여 조공에서 획득한 물자를 효과적으로 활용하였다. 오늘날 우리가 알고 있는 조공은 예의를 갖추어 물품 등을 바치는 쪽이 조공을 받는 대상에게 복종한다는 의미이나, 당시 해와 중국의 조공 관계에는 다른 뜻이 숨겨져 있다. 그것은 유목민들이 '조공을 바쳤다'는 중국의 기록들은 오히려 중국이 유목민들에게 막대한 뇌물을 보냈다는 사실을 숨기기 위한 외교적 연막이었다[022].

---

022 Thomas J. Barfield, The Perilous Frontier: Normadic Empires and China 221 B.C. to AD 1757. 윤영인 옮김, 『위태로운 변경: 기원전 221년에서 기원후 1757년까지의 유목제국과 중원』(동북아역사재단, 2009), 32쪽, 144쪽.

  해금, 천년의 이야기

해의 경우에는 당나라에 매년 하례를 올리기 위해 수백 명이 유주幽州까지 가고, 3~50명의 추장을 뽑아 장안의 궁궐에 보내면 당은 그들을 맞이하여 해에게 금과 비단을 내려서 돌려보냈다. 이때의 조공은 상하관계가 아닌, 형식적인 외교의 틀로써 문화와 경제교류의 통로로 활용되었다. 당과 해는 상대국과의 정치적, 군사적 힘의 균형을 유지하고 공생 관계를 위해 현실적인 부분을 서로 인정하고 실리를 취한 예로 볼 수 있다.

우리가 흔히 사용하는 말 중에 '신바람'과 '피눈물'이 있는데 두 단어는 모두 북방 문화권에서 많이 사용하는 말이다. 이 말의 기원을 살펴보면 '신바람'은 모든 자들이 신의 뜻에 감응되어 일에 몰두한다는 뜻이며, '피눈물'은 일족一族이 적에게 죽임을 당할 경우 남은 자들이 자신의 얼굴을 칼로 그어 피와 눈물을 동시에 흘리면서 복수를 다짐한다는 뜻이다023. 북방 유목민들이 사용하는 이 단어들이 우리에게도 익숙한 단어로 사용되고 있는 것은 매우 흥미로운 일이다. 단어의 전파를 추적하다 보면 북방 유목민족과 우리의 역사적 연결 고리를 찾을 수 있을지도 모른다.

023　김종래, 『유목민 이야기』(꿈엔들, 2005), 176쪽 참조.

해나라는 어디에 있었나?

3세기 초 무렵 고모해庫莫奚[024]의 위치는 요나라 때의 중경 대정부中京 大定府, 우虞나라의 영주營州, 하夏나라의 기주冀州, 주周나라의 유쥬幽州에 있었다. 진秦나라 때는 요서遼西, 한漢나라의 신안평현新安平縣에 해당한다. 그들이 건국한 땅은 폭이 천 리이고 큰 산과 깊은 계곡이 많은 험준하고 견고한 땅이었다[025].

사서史書에서 처음 등장한 고모해의 위치는 시라무룬강沙拉木倫河 상류 지역으로, 현재 중국의 하북성 북부와 내몽고 자치구에 걸쳐있는 지역이다. 이후 싱안링흥안령산맥의 남단에서 라오하강老哈河 유역까지 차지하고 있다[026].

라오하강은 일명 노하老河, 토하土河로 불리며 현재의 내몽고 자치구와 요령성의 경계 지역을 흐르는 강이다. 4세기 말인 388년에도 약락수弱洛水. 시라무룬강 유역을 차지하고 있었고 현재 내몽고자치구의 적봉시赤峰市의 북쪽과 경계를 접하였다[027].

---

024 '庫莫奚'의 현대 중국어 발음은 [kù mò xī]이다. '莫'은 '없을 막, 저물 모, 덮을 멱'의 뜻과 읽기가 있다.

025 庫莫奚 최초의 위치는 요나라 때의 중경 대정부(中京 大定府), 우(虞)나라의 영주(營州), 하(夏)나라의 기주(冀州), 주(周)나라의 유쥬(幽州)에 있었다. 진(秦)나라 때는 요서(遼西), 한(漢)나라의 신안평현(新安平縣)에 해당한다. 『遼史』 권39, 지 제9 지리지 3 중경도. 481쪽.

026 潭其驤(담기양) 주편, 『中國歷史地圖集』 제4책(중국지도출판사, 1982), 10쪽.

027 郭沫若(곽말약) 주편, 『中國史稿地圖集』 上冊(지도출판사, 1985), 61쪽.

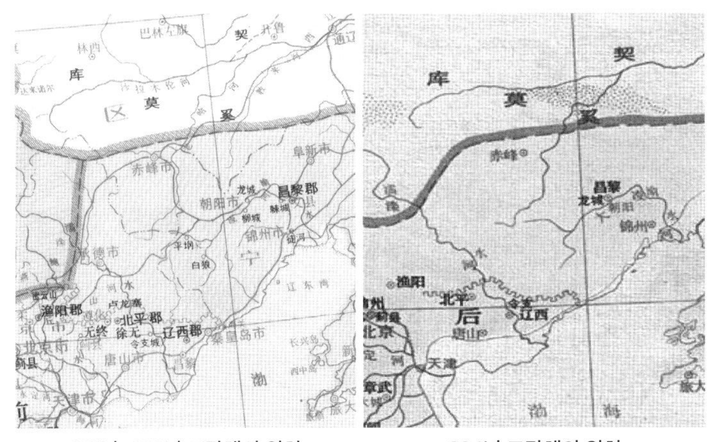

<table>
<tr><td>351년~370년 고막해의 위치</td><td>394년 고막해의 위치</td></tr>
</table>

464년에는 고모해의 영토가 남으로 확장되어 적봉시와 승덕시承德市를 포함하고 조양시朝陽市의 북쪽과 경계를 이룬다.

539년에는 서쪽의 경계이던 흥안령 산맥을 넘어서 해의 영토가 서북쪽으로 확장된 것을 볼 수 있다. 고모해의 중심지였던 적봉시에는 붉은 빛이 도는 바위산이 있었다. 몽골인들은 이 산을 '올랑하드'라 불렀는데 이는 '붉은 바위'라는 뜻이다. 중국인들은 그 뜻에 따라 '홍산紅山'이라고 기록했다. 그 후 홍산과 같은 뜻의 '적봉赤峰'이 이곳의 지명이 되었고, 홍산은 적봉시 한 구區의 명칭이 되었다. 적봉시는 신석기 및 청동기 문화가 꽃피웠던 중심지로 적봉시의 문화유적은 고조선과 직접 관련이 있다[028].

028　적봉시는 서기전 7000여 년에 형성된 '소하서 문화', 서기전 6200년 무렵의 '흥룡

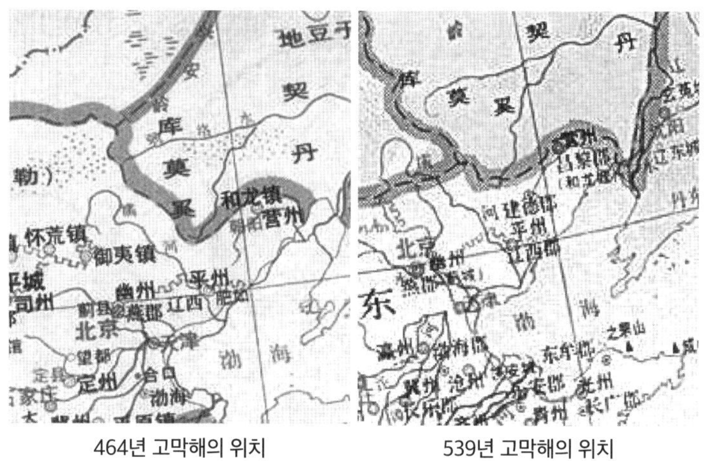

<table>
<tr><td>464년 고막해의 위치</td><td>539년 고막해의 위치</td></tr>
</table>

수나라581~618 당시 해는 이전보다 훨씬 남하하여, 영토의 중심이던 시라무룬강을 거의 벗어나 강의 상류만 포함하고 있다. 고모해 당시 차지했던 현재의 적봉시는 거란에게 내어 주고 승덕시만 포함한 채 약간 축소되어 있으며 남쪽으로는 거의 현재의 북경과 근접해 있다.

648년에 당은 해에 요락도독부饒樂都督府를 설치하였다. '해의 동쪽에는 거란, 서쪽으로는 돌궐, 남쪽에는 백랑하白狼河, 북쪽에는 습나라霫國에 이른다.'고 하였다. 해의 남쪽에 접한 백랑하는 현

와(興隆洼) 문화', 서기전 5200년 무렵의 '부하 문화', 서기전 5000여 년의 '조보구(趙寶溝) 문화', 서기전 4000년 무렵의 '홍산(紅山)문화', 서기전 2000여 년의 '하가점(夏家店) 하층문화' 등의 중심적인 유적지이다.이정훈, 『발로 쓴 反 동북공정』(지식산업사, 2009), 331쪽.

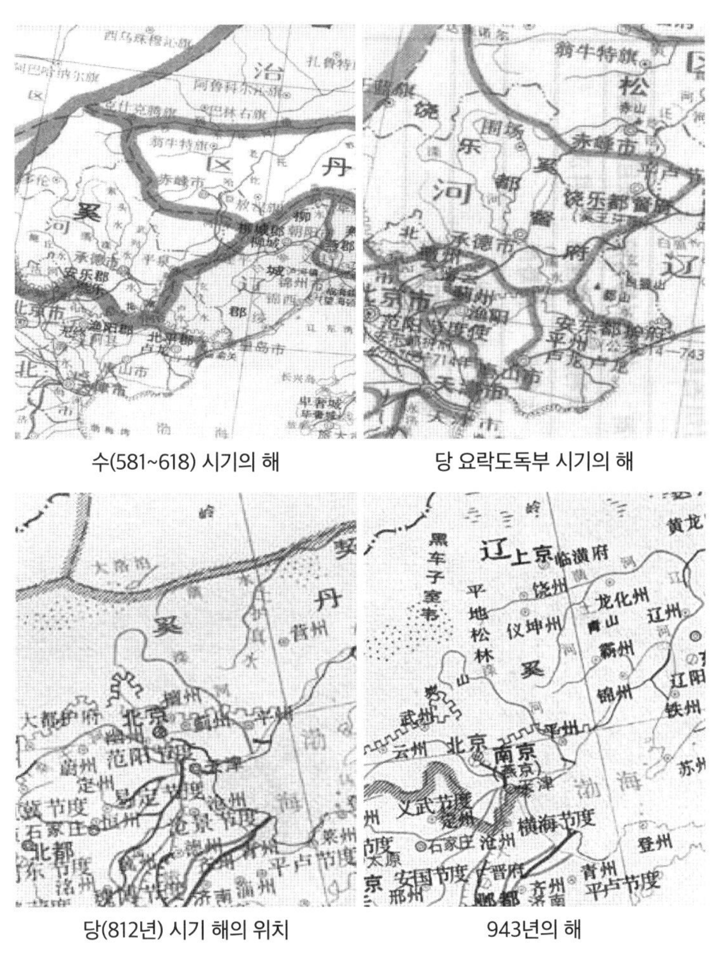

재 요령성 남부의 대능하大凌河이며 현재 발해만으로 흘러드는 강이다. 발해만은 서해의 북쪽 끝에 있는 만으로 중국의 랴오둥반도와 산둥반도에 둘러싸여 있는 곳이다.

808년의 해는 현재 북경 동북쪽에 있는 난하灤河를 중심으로
자리 잡고 있었다. 난하는 현재 중국 내몽고자치구에 인접한 하북
성 동북부에서 발원하여 승덕承德, 천서遷西, 천안遷安을 거쳐 발해
로 흘러드는 강이며 일명 난수灤水라고도 한다.

당이 망하고 송宋이 들어서기 전 943년에 해는 지금의 북경 위
쪽까지 남하해 있는데 이것은 북쪽에 위치한 요의 영향으로 이전
보다 위축된 것으로 보인다.

앞서 살펴본 것처럼, 중국의 역사지도에서도 면면히 이어져왔
던 해나라를 확인할 수 있다. 해나라가 있었던 곳은 현재 중국 요
령성의 요하遼河 서쪽 지역으로 내몽고 자치구, 하북성의 북부에
해당하는 지역이다. 해는 만리장성 이북의 북경과 근접한 지역까
지 남하하였는데 이 지역은 중국의 황하문명보다 수천 년 앞서는
고조선 문명의 발상지이기도 하다.

특히 적봉시는 서기전 7000여 년부터 문화 유적지로 서기전
2000여 년의 '하가점夏家店 하층문화' 등의 중심적인 유적지[029]였
으며 그곳에서 대가 끊기고 요동으로 이동했다 다시 한반도로 이
주한 것으로 보인다. 이를 바탕으로 적봉시 일대에서 단군조선의
흔적을 찾아야 한다는 주장이 제기되기도 하였다. 홍산문화에서

029 이정훈, 『발로 쓴 反 동북공정』(지식산업사, 2009), 331쪽.

   해금, 천년의 이야기

발견되는 옥저룡玉猪龍을 옥웅룡玉熊龍으로 보고, 이는 홍산문화의 주도세력을 단군신화의 웅녀족으로 보는 견해[030]의 근거가 되고 있다. 또한 적봉의 신석기문화가 유목 기마문화를 일찍 습득했다면 적봉은 중앙아시아까지 이르는 광범위한 유목문화의 뿌리가 될 수 있음[031]을 추측해 볼 수 있다.

해인(奚人)들 이야기

중국 역사에서 정사正史 기록은 25개의 사서 기록이다. 그 가운데 해를 기록한 사서는 『위서魏書』, 『주서周書』, 『수서隋書』, 『북사北史』, 『구당서舊唐書』, 『당서唐書』, 『신오대사新五代史』, 『원사元史』, 『요사遼史』, 『금사金史』 등 10개이다. 기록에는 해의 건국 이후 약 200년이 지난 뒤부터 멸망 이후 요나라와 금나라의 기록까지 약 800여 년 간의 해나라 역사를 전하고 있다. 역사 속에 기록된 해인들을 살펴보자.

---

030   우실하, 『동북공정 너머 요하문명론』(소나무, 2007), 313쪽.
031   이정훈, 『발로 쓴 反 동북공정』(지식산업사, 2009), 372~373쪽.

당나라 때의 해인들

아회씨阿會氏는 시기는 분명하지 않으나 역사에 기록된 최초의 해의 지도자이다. 해의 종족이 점점 많아져서 5부로 나뉘었는데 아회씨가 가장 뛰어난 장수로 모두 그를 따랐다.

가도자可度者는 648년에 부족을 이끌고 당에 복속服屬되어 당이 설치한 요락도독부의 도독을 맡고, 우영군을 겸하고, 누번현공으로 책봉되며, 이씨 성을 받았는데 이씨 성은 당나라를 세운 이연李淵에서 비롯되어 당나라 황실의 성씨가 되었다. 현경656-660 초에 다시 우감문 대장군직을 받았고 660년에 사망하였다.

필제匹帝는 해의 왕으로서 661년에 당에 반기를 들고 일어났으나 실패하여 죽임을 당하였다.

이대보李大輔는 해가 가장 강성했던 시기에 지도자로 활약하며 712년 해를 기습 공격한 당의 12만 대군을 물리쳤다. 715년에 당은 할 수 없이 이대보를 요락군왕으로 봉하고 또 좌금오원외대장군과 요락주 도독을 삼았다. 중국 왕조의 이민족에 대한 정책 중에는 왕실의 여성을 이민족 군장에게 시집 보내는 통혼 정책이 있었는데 당나라 때 이후에는 이민족의 군장을 위로하여 화평을 위한 목적으로 혼인을 시켰다.

717년에는 당은 이대보에게 고안공주를 시집 보내고 예물 1천 5백 필을 주었으며 귀국하는 것을 호위하도록 하였다. 이대보는

720년에 병사들을 이끌고 거란을 도우러가서 전사하였다.

노소魯蘇는 이대보의 동생으로 해왕을 계승하였다. 722년 요락 군왕을 계승하고, 우금오원외대장군 겸 보새군 경략대사로 임명되었으며 예물 1천 단을 받았다. 당나라는 동광공주를 노소에게 시집 보냈다. 726년에는 봉성왕과 우우림위장군을 받았고 수령 200명을 발탁하여 당의 낭장 벼슬을 받게 하였다.

이시李詩는 732년 귀의왕 겸 좌우림군대장군동정, 귀의주 도독을 받았으며 재물 10만 단을 받고 부락을 유주의 경계로 옮겼다.

연총延寵은 이시의 아들로 당나라로부터 요락도독, 회신왕을 받았고 당이 선방공주를 시집 보냈으나 후일 공주를 죽이고 당에 대항하였다.

매락梅落은 806년 당나라의 검교사공과 귀성군왕을 받았다.

색저素低는 808년에 당나라의 우무위아장군동정을 받고, 단·계 양주의 병마사를 겸하고 이씨 성을 받았다.

여갈茹羯은 830년 당의 변경을 침략하였다가 패하여 장수 2백여 명과 함께 사로잡혔다.

익사랑匿舍朗은 835년 해의 대수령으로서 당에 조공하였다.

돌동소突董蘇는 해의 왕으로 868년 대도독 살갈薩葛을 시켜 당에 조공하였다. 이때의 조공이 당에 대한 해의 마지막 조공이었다.

거제去諸는 9세기 말경 해의 왕으로 거란의 압박을 피해 해의 일부를 이끌고 북경 북서쪽에 위치한 규주嬀州 북산으로 이주하여 서해西奚를 세웠다.

고지庫支·사자저査剌底·서발덕鋤勃德은 요의 건국 후 910년에 오마산烏馬山에서 요에 저항하였으나 실패하였다.

호손胡損은 922년 험하고 견고한 절벽을 믿고 전가산箭筈山에서 요나라의 친정親政을 거부하고 저항하였으나 결국 붙잡혀 죽었다.

소자掃剌는 서해의 왕으로 요의 친정 아래에서도 후당後唐과 외교 관계를 맺어 923년 장종923~926에게서 이씨 성을 받고 이름을 소위紹威로 고쳤다.

예자拽剌는 서해의 왕 소자의 아들로서 자리를 계승하고 여러 번 후당에 사신을 보내 조공을 하였다. 이후 요가 후당을 멸망시키자 해는 요에 복종하였다.

요나라 때의 해인들

화삭노和朔奴의 자는 주령籌寧이며, 해 가한奚 可汗의 후손이다. 보령969~979 때 해 6부를 다스렸으며, 통화983~1011 초 남면 행군부의 부서를 맡았다. 986년 송나라가 침략할 때 공을 세웠으며, 988년 겨울에는 남쪽을 정벌하여 많은 백성을 사로잡았다. 995

  해금, 천년의 이야기

년 화식노는 발해인 귀족 오소경이 거란의 요나라에 저항하여 건국한 올야를 정벌하다 사망하였다. 이를 계기로 제후와 같은 지위를 누리던 해왕부가 해체 당하고 옛 땅 소유권을 빼앗겨 완전히 복속당하였다[032].

회리보回離保는 해의 철려왕鐵驪王으로, 일명 한翰이라 불리며 자는 뇌라捛懶이다. 그는 해왕 특린의 후손으로 말을 잘 타고 활을 잘 쏘며 민첩하고 용감하여 요나라 천경1111~1120 때에 해의 육부대왕 겸 총지동로병마사 벼슬이 올랐다. 1122년 여진족이 세운 금나라가 요나라로 쳐들어오자 회리보는 전가산에서 해국 활제에 올라 연호를 천복天復으로 고쳤다. 해·한·발해의 세 추밀원을 설치하고 동·서 두 절도사節度使를 왕으로 책봉하였다. 회리보는 비록 오래 집권하지는 못했으나 해의 정체성을 각인시켜 역사에 기록을 남겼다.

소관음노蕭觀音奴의 자는 야령耶寧이고 해왕 탑흘搭紇의 자손이다. 994년 우지후랑군반상온右祗候郎君班詳穩, 해 6부 대왕에 올랐다.

소포노蕭蒲奴의 자는 유은留隱이고 해왕 초불령楚不寧의 후손이다. 어릴 때부터 고아로 가난하여 무당집에서 소 키우는 일을 하며 품팔이를 했다. 개태1012~1021 때 해 6부 대왕에 올랐다가 1037

년과 1047년에 해 6부 대왕에 다시 올랐다.

야율알랍耶律幹臘은 자가 사령斯寧이고 해의 질자부迭刺部 사람이다. 재빠르고 힘이 세며, 말을 잘 타고 활을 잘 쏘았다. 벼슬이 동정사문하평장사同政事門下平章事, 동경유수東京留守에 이르렀다.

소악음노蕭樂音奴는 자가 파란婆丹으로 해 6부의 창온敞穩 돌려불突呂不의 6세손이다. 악음노는 얼굴이 잘 생기고 말을 잘하였으며 요와 한의 문자에 통달하였고 말타기, 활쏘기, 축국蹴鞠을 잘하여 단번에 명사가 되었다. 오번부절도사五蕃部節度使 벼슬을 받았다.

금나라 때의 해인들

백덕특리보伯德特离補는 해의 5왕족 사람이며 요의 어원御院에서 벼슬을 시작했다. 천회1123~1137 초에 백 명으로 조직된 단위 부대의 우두머리인 모극謀克을 세습하여 송산松山 등의 저항하는 군민을 투항하게 한 후 평주平州와 계주薊州 안에서 농사를 짓도록 하였다. 백덕특리보伯德特离補는 숭의군절도사崇義軍節度使까지 올랐다.

소왕가노蕭王家奴는 해나라의 사람으로 고당하庫党河에서 살았다. 어린 나이에 요에서 태자의 시위를 맡아 솔부率府를 거느렸다. 1130년 정강군절도사靜江軍節度使를 임명받고 천호千戶를 세습하였다. 천호는 만호萬戶, 백호百戶와 더불어 관장하는 백성들의 세대 수에 따라 붙여졌다. 이러한 관직체계는 원나라에서 특히 발달했다. 소왕가노蕭王家奴는 양왕梁王의 정벌에 참가하여 만호萬戶가 되었고 오원부절도사五院部節度使로 복귀하였다. 1150년 오고적렬초토도감烏古迪烈 招討都監에 올랐다.

소공蕭恭의 자는 경지敬之로 내열해乃烈奚 왕의 후손이다. 1159년 광록대부에 오르고 병부상서에 복위되었다.

소회충蕭懷忠은 서북로초토사西北路招討使로 임명되었으며, 본명은 호호好胡이다.

백덕와가伯德窊哥는 서남로 미규해咩糺奚의 사람이다. 원나라가 서남로를 침입했을 때 이웃의 군은 다 항복했는데 백덕와가만 굴하지 않았다. 1219년 특히 여러번 벼슬에 올라 동지진안부사同知晉安府事, 동승군절도사東勝軍節度使에 이르렀다.

소이蕭肄는 본래 해나라 사람인데 희종熙宗에게 사랑받고 도후悼后에게 아첨하여 벼슬이 참지정사參知政事까지 올랐다.

소유蕭裕의 본명은 요절遙折이다. 병부시랑兵部侍郎을 임명받고 동지남경유수사同知南京留守事, 동지북경유수사同知北京留守事에 올랐다.

이처럼 해인들은 자신의 삶의 흔적을 중국의 사서에 남기고 있다. 해인들은 투철한 독립정신과 불굴의 저항정신을 잊지 않고 살아왔다. 그들은 강철처럼 맞서 부러지기도 했고 때로는 억새처럼 몸을 눕혀 바람을 피하기도 했다. 해의 역사를 잃은 지 천 년이 흐른 지금 '해족奚族'은 더이상 중국의 소수민족으로 존재하지 않는다. 그럼에도 불구하고 해인들은 자신의 정체성을 지금도 잃지 않고 있다.

놀랍게도 지난 2010년쯤 해인들이 예전에 살았던 해의 땅 남쪽 끝에서 축제를 열었다고 한다. 길림성 무형문화유산 보유자 김철 선생은 이 축제에 대해 "해인의 전통 악기 해금을 통해 천 년 동안 잊혀졌던 해인의 음악적 정체성을 되살리고 그들의 존재를 알리는 중요한 자리였다"고 이야기 하며, 이 축제가 해족의 문화와 정체성을 기억하는 의미 있는 기회가 되었음을 언급하였다. 이 축제는 단순한 전통 계승을 넘어 해금이라는 악기를 통해 그들의 문화적 유산이 단절되지 않았음을 상징적으로 드러낸 것이다.

이러한 모습은 단순히 과거를 회상하는 행사가 아니라, 시간이 흐르면서도 잊혀지지 않은 문화적 뿌리와 그 의미를 되새기며 미래로 이어가려는 노력의 일환이었다. 그들은 '해족奚族'을 중국 내의 소수민족으로 공인받기 위해 노력 중이라고도 하였다. 역사 속에 완전히 묻혀 있던 해인들이 천 년 만에 다시 부활의 꿈을 꾸고 있었다.

언젠가는 해족들이 얼후가 아닌 해금을 손에 들고 우리 앞에 나타나는 날이 오기를 기대해 본다.

해금의 뿌리, 현도와의 관계

현도, 해금의 뿌리

해금은 어떻게 만들어졌을까? '해금奚琴'을 처음으로 기록한 『악서』를 보면 '해금은 현도에서 나왔으며 형태도 유사하다出於絃鼗而形亦類焉'고 하였다[033]. 이것은 해금이 현도라는 악기를 모방하여 만들어진 것이라는 말이다. 그런데 해금의 뿌리라고 할 수 있는 현도는 정작 어떻게 생긴 악기인지 전혀 알려진 바가 없다.

---

033 송대(宋代) 1104년 진양(陳暘) 편찬 『악서(樂書)』 128권. 악도론 호부(樂圖論 胡部). 한국음악학자료총서 제9집(국립국악원, 1982). 『악서(樂書)』의 해금 설명은 후에 『문헌통고(文獻通考. 1318년)』와 『악학궤범(樂學軌範. 1493년)』에서 그대로 재인용하고 있다.

다만 '현紋'은 줄을 일컫고, '도鼗'는 북의 좌우에 매듭 끈이 매달린 타악기를 말하므로 '현도'는 좌우로 흔들어 끈이 북면을 치면서 소리가 나는 악기라고 추측해 볼 수 있다. 그렇다면 현도는 도에 줄을 더해서 '현도'라고 하지 않았을까? 현도가 두드려서 연주하는 타악기인지 현악기인지, 만약 현악기라면 발현撥絃악기인지 찰현악기인지 궁금하다. 현도의 정확한 형태는 알 수 없지만 남아있는 기록을 통해 궁금증을 조금이나마 풀어 볼 수 있다.

첫째, 현도는 진秦나라 때 만리장성을 쌓던 시기에 사용된 악기였다. 현도에 대한 최초의 기록[034]은 송서에 나타나는데 "두지杜摯가 말하기를, 진나라 말엽 장성長城의 고된 부역으로 인해 백성들이 '현도弦鼗'를 치며 고통을 달랬다."고 하였다. 두지杜摯[035]는 진 효공 때의 사람으로, 현도는 지금으로부터 약 2300여 년 전에 이미 존재했다.

둘째, 현도를 연주하는 방법은 '고鼓'였다. '鼓'는 채를 잡고 두드리거나 손으로 퉁겨서 소리 내는 것을 뜻하는데, 북을 치거나

---

034 杜摯云, 長成之役, 弦鼗而鼓之. 並未詳孰實. 其器不列四廂.『宋書』券19 樂1. 杜摯以爲嬴秦之末, 蓋苦長成之役, 百姓弦鼗而鼓之. '傅玄의 琵琶賦' 당중육 편,『中國樂舞詩』악기편(성도출판사, 1995), 495쪽.

035 두지(杜摯)의 생몰년도는 미상. 진 효공(秦 孝公 기원전 381년~기원전 338년)의 신하. 자는 덕로(德魯).

거문고를 연주할 때[036] '고鼓'로 표현한다. 따라서 현도는 발현撥
絃악기로 해금과 같은 찰현악기는 아니었을 것으로 추측된다. 만
약 현도가 찰현악기라면 '찰擦. 비비다, 문지르다', '알軋. 내리누르다', '
랍拉. 끌다' 등으로 기록되었을 것이다.

셋째, 현도는 일반 백성들이 즐겨 연주한 대중적인 악기로 특
히 노역자 등이 연주했다. 따라서 현도는 사대부들의 악기에 비해
기록으로 남아 있는 것이 많지 않다.

넷째, 현도는 북방 이민족 호인胡人의 악기였다. 중국에서 '胡'
의 개념은 매우 폭이 넓지만 현도가 중국 한족이 아닌 이민족의
악기라는 점은 분명하다. 이 점은 해금도 마찬가지여서『신당서』
에서 말하듯이 해금과 현도는 중국 밖 胡人의 악기였다[037].

다섯째, 당나라 때 고취부 음악에 현도가 사용되었다는 기록이
있다[038]. 현도는 삼현三弦의 다른 이름으로 몸통 양면에 가죽을 씌
워 북과 비슷하다. 일설에 따르면 진秦나라 때 도고鼗鼓에 줄을 걸
어 연주한 데서 유래하여 당나라 때 현도라 하였고, 줄이 셋이므
로 삼현이라고도 하였다[039]고 한다. 그러나 현도와 해금의 관계에

---

036 鼓瑟鼓琴 詩經.

037 蓋絃鼗之遺制, 出於胡中, 傳爲秦, 漢所作."『新唐書』권22 지12 예악, 12 476a6-7.

038 唐鼓吹部有鹵簿鉦鼓及角樂用絃鼗笳簫凶用哀笳---,『악서』188권. 樂圖論 俗部 鼓吹
     部.

039 륙석홍 주편.『중국고대기물대사전』악기(하북교육출판사, 2009).

대하여 '악기론으로는 근본이 다른 점이 있고 악기의 진화에서 이런 변천은 불가능하다. 해奚의 지역을 짐작하건대 해금은 돌궐인의 손을 거쳐 서방으로부터 전래하였을 수가 있다[040]'는 견해가 있다. 해금은 12세기 까지도 죽찰竹擦악기였으므로 궁찰이 아닌 죽찰악기가 전래되었을 가능성은 없다.

슐레징거K. Schlesinger에 따르면, 말총 활의 사용과 관련하여 페르시아이란에서 아랍인의 손을 거쳐 전해진 레밥rebab이 최초의 궁찰弓擦악기이다. 7세기 경 아랍인이 궁찰법을 사용했기 때문에, 페르시아인이 활을 처음 사용한 시기는 그보다 한 시대 앞선 것으로 보았다[041]. 따라서 해금은 죽찰로 시작했지만 그 기원은 다를 수밖에 없다. 후대에 궁찰로의 변화는 가능했으리라고 생각된다.

한편 말총 활에 방울이 달린 인도의 찰현악기 라바나타와 라바나스트론, 네팔의 사랑기를 현도에 가까운 악기로 보는 견해도 있다[042]. 이 악기들을 궁찰현악기의 원조로 보기 쉬운데 실제로 그 기원이 입증된 것이 없다. 게다가 죽편竹片 찰현악기인 '혜금嵇琴'[043]이 당나라 말기에 있었다는 사실[044]은 말총 찰현악기와 해금

040　林謙三, "찰주현악기의 동점(擦奏弦樂器의 東漸)", 『東亞樂器考』(홍콩서점, 1978).

041　林謙三, "찰주현악기의 동점(擦奏弦樂器의 東漸)", 『東亞樂器考』(홍콩서점, 1978).

042　전인평, 「현도에 관한 연구」, 『국악원논문집』 제5집(국립국악원, 1993), 91~111쪽.

043　혜(嵇)는 혜(嵆)와 같고 '메·산의 이름'의 뜻이며, '해'또는'혜'로 읽는다. 『명문신옥편』(1972).

044　맹호연(孟浩然, 689~740), '竹引嵇琴入, 花邀戴客過'. 林謙三, "찰주현악기의 동점(

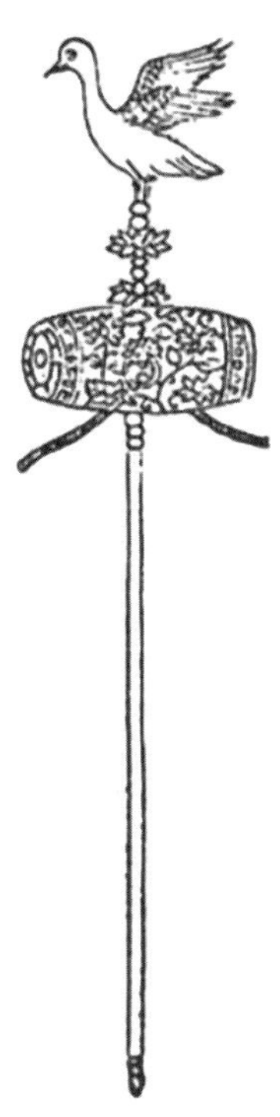

좌우에 끈이 달린 도(鼗).
도는 현재 우리나라에서 제례악에만 편성되며
노도(路鼗), 뇌도(雷鼗), 영도(靈鼗)가 있다.

의 기원이 다르다는 것을 말해 준다.

앞에서 본 현도의 기록과 해석을 정리해 보면 '도鼗'라는 타악기에 줄을 걸어 '현도絃鼗'라는 현악기를 새롭게 만들었는데, 현도의 몸통은 특이하게 앞뒷면이 모두 뱀가죽으로 되어 있다. 이는 타악기 '도'라는 북을 변형시켜 현도를 만들었다는 해석을 가능하게 한다.

그 후 그 현도의 영향으로 대나무 죽편竹片으로 연주하는 '혜금嵇琴'이 새로 만들어졌다. 이 놀랍고 기발한 생각으로 혜금을 새로 만든 사람은 어쩌면 죽림칠현 중의 한 사람이며 음악이론가이고 박학다식하고 다재다능한 혜강嵇康이었을 지도 모른다. 이 혜금은 중국에서 송나라 때까지 그대로 애용되었고 나중에 '해금'으로 바뀌어 우리에게 전해졌다고 추측된다.

북의 한 가지인 '도鼗'는 기원전 4세기경 발현악기 '현도絃鼗'로 변형되었고 3세기경에는 죽편 찰현악기 혜금嵇琴으로 새롭게 만들어진 후 2세기 초까지 죽편 찰현악기 해금奚琴, 12세기 말 이후 말총 찰현악기 해금[045]의 과정을 거치면서 해금의 다른 이름인 혜

擦奏弦樂器의 東漸)"『東亞樂器考』(홍콩서점, 1978).

045 1082년 심괄의『몽계필담』에 기록된 말총 호금(원나라의 호금)의 영향으로 그 후 해금도 말총을 사용했을 수 있다. 林謙三, 「찰주현악기의 동점」『東亞樂器考』(홍콩서점, 1978).

금은 사라지게 되었다. 혜금은 해금의 전신으로, 해금과 별개의 악기가 아니라 혜금과 같은 악기로 간주된다. 그러나 이것은 아직 입증되지 않은 추정에 불과할 뿐, 앞으로 많은 자료 발굴과 연구가 필요하다.

원나라의 해금과 호금

해금이 우리나라에 언제 들어왔는지에 대한 명확한 기록은 존재하지 않는다. 고려가 원나라의 지배를 받았던 시기에 해금이 유입되었을 것이라는 주장이 있지만 이를 뒷받침할 자료나 근거는 확인되지 않는다.

이러한 주장은 해금의 명칭에서 비롯된 혼동 때문이다. 해금奚琴의 명칭은 중국에서 당·송을 거쳐『원사元史』에도 등장하지만『원사』의 해금은 우리가 알고 있는 해금과는 전혀 다른 악기이며 오히려 원나라의 호금胡琴과 형태가 유사하다.

해금이 중국에서 호금으로 기록된 것은『몽계필담夢溪筆談』이 처음이다. 진양의『악서』보다 시대가 앞선『몽계필담』에는 말총으로 연주한 호금의 기록이 있는데, 1082년에 북변에 주둔하던

송군 병사 사이에서 호금이 사용되었을 것으로 추정된다. 그래서『몽계필담』에 기록된 말총 호금을 원나라의 호금으로 추측하기도 한다.

> 내가 부연(鄜延)에 있었을 때에 〈개가(凱歌)〉 수십 곡을 지어 병사들로 하여금 노래하도록 하였다… 그 세 번째 곡: 말총(馬尾) 호금을 한군(漢軍)이 지녔는데…[046]
>
> —『몽계필담』

『몽계필담』에는 혜금嵇琴 연주 기록도 함께 있는데 이는 희령熙寧, 1068~1077 재위 중에 궁중 연회에서 있었던 일이다. 이것을 보면 당시에 지역과 장소에 따라 혜금嵇琴과 호금이 별개 악기로서 따로 사용되었음을 알 수 있다.

> 희령(1068-1077) 중에 궁궐의 잔치에서 교방 영인 서연이 혜금을 연주하며 술을 올리자 한 줄이 끊어지니, 연이 곧 혜금을 바꾸지 않고 다만 한 줄만 써서 곡을 끝마치매, 이때부터 한 줄 혜금이 비롯되었다.

---

046 林 謙三,「찰주현악기의 동점(擦奏弦樂器의 東漸)」『東亞樂器考』(홍콩서점, 1978) 306쪽.

熙寧中, 宮宴教坊伶人徐衍奏嵇琴方進酒, 而一弦絶, 衍更不易琴,
只用一弦終其曲, 自此始爲一弦嵇琴格.[047]

—『몽계필담』

한편『몽계필담』이전 당나라 때에도 호금에 대한 기록이 있으나, 그 때의 호금은 비파를 말한 것이라고 한다.『악부잡록樂府雜錄』이나『악서』에 나오는 호금은 그 설명 내용이 4현이거나 당시의 관련 기록을 참고해 볼 때 비파를 말하는 것으로 볼 수 있다. 일본에서도『교훈초敎訓抄』에 "비파는 호금"[048]이라고 되어 있다.

현재 해금류의 중국 명칭인 호금과『원사』의 호금은 그 형태가 전혀 다르며, 활도 줄 사이에 끼어 있는 것이 아니고 분리되어 사용된다. 따라서 원나라의 해금嵇琴은 그 명칭만 같고 실제로는 별개의 악기이며, 원나라의 호금胡琴도 현재 중국의 호금과는 다른 독특한 형태의 악기이다.

원나라의 해금과 호금에 대해 보다 자세히 살펴보자.『흠정사고전서欽定四庫全書』해금嵇琴의 설명 끝에는 "원사 호금의 제도는 화부사火不思와 같아서 목을 감은 용수龍首에 2현이며 활을 문지

---

047 심괄,『몽계보필담』(대만 상무인서관, 1968), 11쪽.
048 林謙三,「당대의 호금 명칭」,『東亞樂器考』(홍콩서점, 1978), 254-256쪽.

른다. 활의 줄은 말총이므로 호금도 역시 해금류이다. 현재 이름은 해금이다."라고 되어 있다. 다만 해금奚琴은 무악기舞樂器로써 호금胡琴은 가취악기笳吹樂器로써 그 용도가 다르다. 그림에서 이 세 악기를 비교할 수 있다.

호금, 제도는 화부사와 같고, 목은 말려있고 용의 머리이며, 2현이고, 활을 끌어 쓰며, 활은 말총이다.

胡琴, 制如火不思, 卷頸, 龍首, 二絃, 用弓捩之, 弓之絃以馬尾.[049]

—『원사』

화부사, 제도는 비파와 같고, 목이 곧고, 품(品)[050]이 없고, 작은 통이 있고, 둥근 배가 반병 모양 같고, 가죽으로 면을 덮고 4현이며 각 기둥에 줄을 이었다.

火不思, 制如琵琶, 直頸, 無品, 有小槽, 圓腹如半瓶榼, 以皮爲面, 四絃, 皮絣[051]

—『원사』

---

049 『元史』, 권71 예악5, 宴樂之器.
050 '품(品)'은 비파에서 왼손으로 음정을 짚어낼 때 쓰는 낮게 붙어 있는 괘를 말한다.
051 『元史』, 권71 예악5, 宴樂之器.

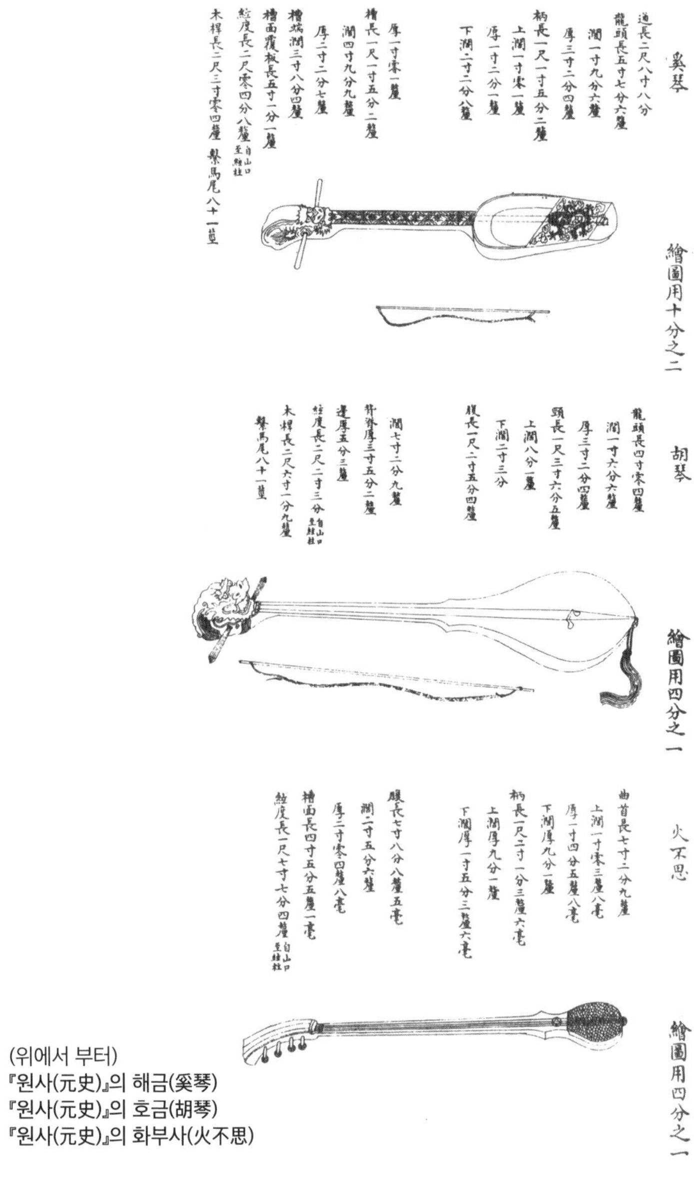

(위에서 부터)
『원사(元史)』의 해금(奚琴)
『원사(元史)』의 호금(胡琴)
『원사(元史)』의 화부사(火不思)

이처럼 원나라의 해금은 이름만 같을 뿐 우리나라의 해금과는 전혀 다른 악기로 원나라 때 해금이 우리나라에 들어왔으리라는 주장은 전혀 설득력이 없다. 다만 흥미로운 점은 원나라에서 새로운 찰현악기를 만들어 놓고 그 이름을 '해금奚琴'이라고 붙인 것이다. 원나라 당시 해금은 찰현악기의 대명사로 불릴만큼 애용되었을 것으로 짐작된다.

혜금·해금의 한·중·일 3국 이름 비교

옛 문헌이나 그림을 보면 '해금奚琴'이 아닌 '혜금嵇琴, 䌜琴'으로 기록된 사례를 흔히 찾아 볼 수 있다. 그리고 '혜금'이 우리가 현재 사용하는 '해금'보다 훨씬 이른 시기의 기록에서 등장한다.

'혜금'의 기록은 중국의 당나라 때 해금을 대나무 쪽으로 연주하는 정경을 묘사한 맹호연의 〈연영산인지정宴榮山人池亭〉에 처음 나타난다. '해금'의 최초 기록은 1104년 진양이 펴낸 『악서』이다. 두 기록을 비교해 보면 '혜금'이 '해금'보다 적어도 360년 정도 앞선다고 할 수 있다.

그런데 일본의 기록을 보면 『악서』 이전에 '해금'이 이미 일본에도 있었다. 일본의 『십개초拾芥抄』에서 『악기명물樂器名物』을 인용하여 말하기를 '혜금이 두 대인데 하나는 줄이 없고, 하나는 두 줄이다.'는 기록이 있는데 이 연대는 5대五代 말 946년에 해당한 다[052].

혜금은 당나라 이후 송나라 때까지 성행하였는데 작은 합주 형태인 세악細樂에는 늘 혜금이 편성되어 있었다. 그리고 독주나 중주에도 혜금이 많이 사용되었는데 『도성기성都城紀胜』, 『무림구 사武林舊事』 등 여러 문헌에서 확인할 수 있다[053]. 심괄沈括의 『몽계 보필담夢溪補筆』에는 송나라의 희령熙寧. 1068~1077 중에 있었던 궁 중 연회에서 혜금과 관련된 일화가 실려있다. '궁궐의 잔치에서 교방 영인 서연이 혜금을 연주하며 술을 올리자 한 줄이 끊어지 니, 연이 곧 혜금을 바꾸지 않고 다만 한 줄만 써서 곡을 끝마치매, 이때부터 한 줄 혜금이 비롯되었다'라고 기록하고 있다.

우리나라도 고려시대에 먼저 '혜금'이라는 명칭이 사용되었으 며[054], 이후 '해금'[055]과 함께 혼용되다가 조선 후기까지 두 명칭

---

052 林謙三, "찰주현악기의 동점(擦奏弦樂器의 東漸)" 『東亞樂器考』(홍콩서점, 1978) 303쪽.

053 金文達, 『중국고대음악사』(인민음악출판사, 1994) 330쪽.

054 1216년에 지은 〈한림별곡〉 제6장, "阿陽 琴 文卓 笛 宗武 中笒 帶御香 玉肌香 雙伽倻 琴 金善 琵琶 宗智 嵇琴 薛原 杖鼓 위 過夜景 긔 어떠하니잇고." 차주환 역, 『고려사』 「악지」(서울: 을유문화사, 1974) 243-244쪽.

055 우리나라에서 '해금'이 처음 기록된 것은 1328-1395년의 『목은시고(牧隱詩稿)』이다. 盛饌侑以歌者奚琴適洪二相又以酒果來極權而罷明日錄之 氣會先生饌光浮亞相來奚

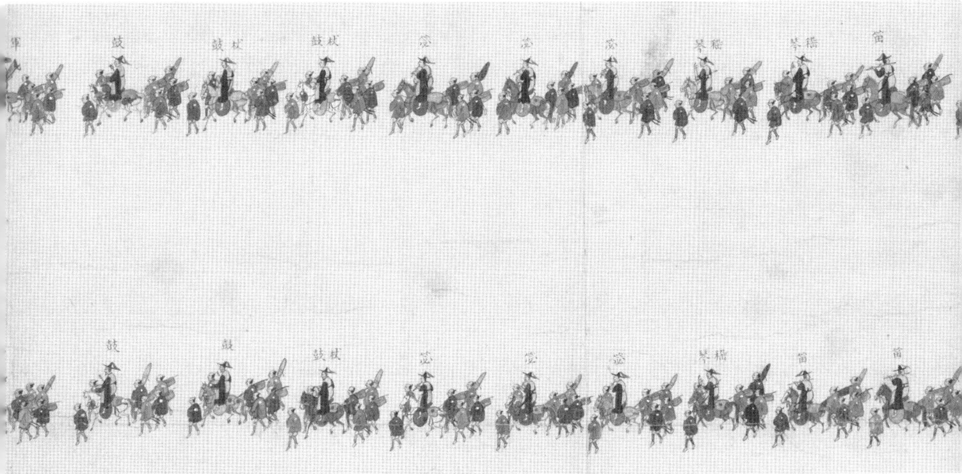

1636년(인조 14) 〈조선통신사 행렬도〉 (국립중앙박물관)

이 번갈아 사용되었다. 고려시대의 『고려사』 「악지」에는 속악기로서 '혜금嵆琴. 絃二'을 기록하고 있다. 또한 〈한림별곡〉1216의 '금선의 비파, 종지의 혜금'이라는 표현과 〈청주 원암연집淸州 元巖宴集〉[056]의 '푸른 옥잔이 깊어 맛난 술이 향기로운데, 혜금 소리는 늘어지고'라는 표현에서 '혜금'이 쓰여진 것을 볼 수 있다. '혜금'은 조선시대에도 지속적으로 사용되었으며 1636년의 통신사 행렬

琴螢雪曲 杜酒艶金盃移席 ---『고려명현집』 3. (서울: 대동문화연구원, 1980) 616쪽. 이밖에 청산별곡과 『악학궤범』에도 '해금'으로 기록되어 있다.

056 '푸른 옥잔이 깊어 맛난 술이 향기로운데, 혜금소리는 늘어지고 젓대 소리는 길다. 그 중에 또 고운 목 노래 있어 일곱 노인이 즐기는데 귀밑머리는 서리 같네. "碧玉杯深味酒香嵆琴聲緩笛聲長 箇中又有歌喉細 七老想歡鬢似霜" 黃石奇, 「淸州 元巖宴集」『국역 동문선 II』(민족문화추진회, 1984) 476쪽.

도에서는 말 위에서 해금을 연주하는 그림에 '혜금'이라는 명칭
이 기록되어 있다. 1711년의 통신사 행렬도에도 '혜금'으로 기록
되어 있고 말을 타거나 걸어서 행진하면서 해금을 연주하는 모습
이 그려져 있다.

　'혜금嵇琴'은 죽림칠현竹林七賢[057] 중 한 사람인 혜강嵇康의 혜금
제작설과 관련이 있다. 이것을 처음으로 언급한 것은 1340년 간
행된『사림광기事林廣記』[058]이다. 즉, 혜금은 본래 혜강이 제작한 악
기로 그 이름도 '혜금'이라 붙여졌다. 두 줄을 사용하며, 대나무로
밀어 연주했고, 그 소리는 청량하다고 한다. 그러나 현재 이 혜금
이 현재 전해지지 않는다.

　일본에는 혜강이 해금을 만들었다는 주장은 일찍 전해져 12세
기 무렵 '혜강금嵇康琴'이 있었다는 기록이 있다. 1512년의『체원
초体源抄』에 "藤原賴長1119~1156의 시녀가 집에 악기를 하나 소장
하고 있다고 말했다. 그 악기는 길이는 3척이며 바가지에 비파줄
이 걸려 있다고 하였다. 즉시 가져오게 하여 살펴보니 배 부분에
혜강금嵇康琴의 세 글자가 새겨져 있었다."는 일화가 있다. 이야기

057　산도(山濤), 왕융(王戎), 유영(劉伶), 완적(阮籍), 완함(阮咸), 혜강(嵇康), 상수(尙秀)
　　　의 일곱 선비. 중국 진나라 초기에 대나무 숲에 모여 세월을 보내며 탈속적인 삶을
　　　추구함.
058　원나라 때인 1340년 간행되었으며 원제목은 〈纂圖增新群書類要事林廣記〉이다.

속의 혜강금이 해금이라는 것인데 이는 『악서』의 해금과 모양이 다르다. 혜강금은 반쪽의 박통에 줄이 있는데 후세의 제금提琴[059] 모양이라 보여진다.

이처럼 일본의 혜금 기록은 악기의 묘사와 함께 혜강금의 명문까지 구체적으로 기록하고 있다. 이 시기는 1104년의 『악서』 이후로 『악서』의 해금과 그 형태가 다르다. 즉 당시 혜강금은 박통을 사용했으나 해금은 대나무 통으로 만들어져 일본에 있던 혜금과 해금은 서로 다른 악기로 보는 것이 타당하다.

우리나라에서는 혜금과 해금이 이름은 다르지만 같은 악기로 전해져 왔으며, 중국의 기록에서는 혜금과 해금이 다른 악기였는지 여부를 분명히 알 수 없다. 다만 대나무를 활로 사용했다는 점은 공통점이며 말총활로 바뀐 시기는 정확히 알려지지 않고 있다.

혜강이 발현악기인 현도를 보고 찰현악기인 혜금을 만들었다면 그 시기는 3세기 무렵이고, 혜금은 대나무 죽편竹片으로 연주한 것이었다. 그 혜금은 중국 안에서 송나라 때까지 그대로 애용되었다.

시기는 알 수 없지만 혜금을 알게 된 해족奚族이 혜금을 가져다

---

059 명, 청 이래 주로 곤곡(崑曲) 청창(淸唱)의 반주악기로 사용되거나, 사죽(絲竹)합주에 쓰였다. 또는 광동음악의 특징적 악기의 하나로서 판호(板胡)와 비슷하며 약간 크다. 통은 대나무로 복판은 오동나무판으로 만든다. 『중국음악사전』(인민음악출판사, 1985)

가 죽편을 대신하여 주위에서 쉽게 구할 수 있는 말총 활로 바꾸어 연주하였다. 이후 중국에서 해족의 '해금'으로 알려지게 되고 죽편은 이제 더욱 말총 활로 바뀌어 정착했을 것이다. 따라서 처음에 '죽편 혜금'으로 시작한 뒤 '죽편 해금'을 거쳐 '말총 해금'으로 바뀌면서 혜금은 사라지고 그 이름만은 해금에 남게 된 셈이다. 이후에 해금과 혜금은 '다른 이름의 같은 악기, 이명동기異名同器'로 혼용된 것이라는 가설을 세워볼 수 있다.

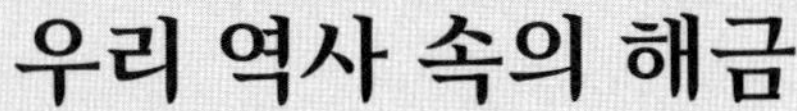

우리 역사 속의 해금

1892년 고종 즉위 30주년 경축 행사를 그린 〈고종임진진찬도〉 (국립중앙박물관)

고려 속 해금

고려 문헌 속의 해금

고려시대의 해금의 첫 기록은 〈한림별곡〉에서 볼 수 있다. 고려 고종1214~1250 때 지어진 〈한림별곡〉은 해금에 대한 기록으로 연대가 가장 이른 것이다.

〈한림별곡〉에는 당시 풍류에 사용된 악기와 명인들의 이름이 나와 있는데, 여러 인물들 중 1249년에 사망한 최이崔怡의 애기 옥궤향의 이름이 기록되어 있어 지어진 시기를 비교적 정확하게 추정할 수 있다. 또한 〈한림별곡〉에는 해금 명인 "종지宗智"의 이름이 언급되므로 당시에 해금이 연주되었음을 알 수 있다. 또한 그 명칭에 있어서 〈한림별곡〉에서는 해금을 "혜금稭琴"으로 쓰고 있다.

> 아양의 금, 문탁의 적, 종무의 중금, 대어향과 옥궤향의 쌍가야금,
> 금선의 비파, 종지의 혜금, 설원의 장고, 아아 밤새 연주하면 그
> 정경 어떠하겠나.
>
> 阿陽 琴 文卓 笛 宗武 中笒帶御香 玉机香 雙伽倻ㅅ고 金善 琵琶 宗
> 智 笒琴 薛原 杖鼓
>
> 위 過夜景 긔 어떠하니 잇고
>
> —〈한림별곡〉

〈한림별곡〉 (서울대학교 규장각한국학연구원)

　고려가요 〈청산별곡〉에도 "해금奚琴"이 기록되어 있어 당시 계층을 불문하고 해금을 매우 즐겼던 것으로 추측된다. 그러나 〈청산별곡〉은 구전되어 오다가 훈민정음 창제 이후에 기록된 것이므로 "해금奚琴"이 고려 당시의 명칭인지는 확신할 수 없다.

> 가다가 가다가 듣노라 외딴 부엌을 지나가다가 듣노라 사슴이 장대에 올라가서 해금(奚琴)을 켜는 것을 듣노라.
>
> 가다가 가다가 드로라 에정지 가다가 드로라 사스미 짐대예 올아셔 奚琴을 혀거늘 드로라 얄리얄리 얄라셩 얄라리 얄라.
>
> ―〈청산별곡〉

　고려말 14세기 후반의 다음 두 문집에서도 당시의 주연酒宴에서 해금 연주 정경을 기록하고 있다.

　이색李穡의 『목은시고牧隱詩藁』에는 해금이 풍류모임에 등장하였으며 해금奚琴으로 기록되고 있는 것을 볼 수 있다.

> 이제정 선생[060]이 생일을 축하하려고 개성에 왔는데 다음날 염동정과 한유항이 각각 술과 안주를 들려서 개성 이선생 댁으로 왔다. 성찬을 차리고 노래와 해금으로 흥을 돋우었다 해금은 형설

060　고려말의 문인 제정(霽亭) 이달충(李達衷 : ?~1385).

곡을 연주하였다.…

李霽亭先生。以賀誕日入京。明日。與廉東亭, 韓柳巷。各携酒果。
邀至李開城宅。開城具盛饌。侑以歌者奚琴。適洪二相又以酒果
來。極笒而罷。明日錄之。氣合先生饌。光浮亞相來。奚琴笒雪
曲。…

— 이색의『목은시고』

황석기黃石奇의 〈청주 원암연집淸州 元巖宴集〉은 고려 말의 일곱 노선비가 주연을 즐기는 정경을 기록하였는데, 해금과 피리 그리고 노래 소리를 각각 묘사하고 있다. 이 문집에는 해금이 "혜금嵇琴"으로 기록되어 있다. 비슷한 시기로 추정되는 두 문집이 해금을 각각 다르게 기록하고 있는 점이 주목된다.

푸른 옥잔이 깊어 맛난 술이 향기로운데
해금 소리는 늘어지고 피리 소리는 길다.
그 중에 또 고운 목 노래 있어
일곱 노인[061] 즐기는데 귀밑머리는 서리 같네.
碧玉杯深美酒香 嵇琴聲緩笛聲長

---

061 일곱 노인은 행촌(杏村) 이암(李嵒), 칠원(漆園) 윤환(尹桓), 서곡(瑞谷) 염제신(廉悌
    臣), 당성(唐城) 홍원철(洪元哲), 수춘(壽春) 이수산(李壽山), 계성(啓城) 왕재(王梓),
    회산(檜山) 황석기(黃石奇)이다.

해금, 천년의 이야기

箇中又有歌喉細 七老相歡笒似霜

－ 황석기[062]의 〈청주 원암연집〉

1114년_{예종 9}에 송_宋에서 보내온 신악기에는 찰현악기인 쌍현_{雙絃}이 포함되어 있었다는 기록이 있으나 이것이 해금인지는 명확하지 않다.

> 예종(睿宗) 9년 6월 신사(信使) 안직숭(安稷崇)이 송나라에서 돌아올 때 송의 휘종(徽宗)이 신악(新樂)을 보냈다. 철방향, 석 방향, 비파, 오현금, 쌍현(雙絃), 쟁, 공후, 필률, 적, 포생, 훈, 대고, 장고, 박판, 곡보(曲譜), 지결도(指訣圖) 등을 보냈다. 이 해 10월 태묘(太廟)에 친협(親祫)하였는데 그 때 송의 신악을 겸용하였다.

고려시대 해금 기록의 특징은 속악기로서 궁중과 민간에서 연주 방식이나 역할이 크게 다르지 않았다는 점이다. 『고려사』 「악지」의 속악기들을 보면 신라 때의 삼현 삼죽을 중심으로 하고 있어 당시의 음악 내용을 어느정도 추측할 수 있다. 한마디로 해금

---

062 충혜왕부터 공민왕에 이르는 기간 동안 5대에 걸쳐 문하시랑 동중서문하평장사를 지냄.

고려시대 해금의 기록

시 기	해금 명칭	문 헌 명
1216	嵇琴	한림별곡
1328-1396	奚琴	목은시고
14세기 후반	嵇琴	청주 원암연집
연대 미상	奚琴	청산별곡
1451	嵇琴	고려사 악지

은 속악과 풍류 등에서 널리 애용되었다고 할 수 있다.

해금의 명칭은 〈한림별곡〉에서 혜금嵇琴으로 처음 보이고 약 100년 쯤 뒤에는 혜금嵇琴과 해금奚琴이 함께 쓰였다. 이 점은 중국의 기록에서도 당나라 때 처음 혜금嵇琴이었다가 1104년에 편찬된 진양의 『악서』에서 해금奚琴으로 바뀐 것과 같다. 그러나 우리나라 고려시대의 기록은 중국에 비해 그 연대가 매우 늦게 나타나고 있다.

해금 유입에 관한 이야기

고려시대 해금 연주에 관한 기록은 매우 적다. 『고려사』 외에 네 편의 문집에서만 그 기록을 전하고 있을 뿐이다. 『고려사』 「악지」는 중요한 기록 중의 하나이지만, 아쉽게도 해금의 자세한 설명은 없고 오직 "줄이 둘"이라는 간략한 언급만 있을 뿐이다.

俗樂 樂器

현금(玄琴. 絃六) 비파(琵琶. 絃五) 가야금(伽倻琴. 絃十二) 대금(大笒. 孔十三) 장고(杖鼓) 아박(牙拍. 六枚) 무애(無㝵. 有粧飾) 무고(舞鼓) 해금(笒笒笒. 孔七) 중금(中笒笒六枚)

—『고려사』「악지」권71: 31

우리나라에서는 고려 때부터 해금이 연주된 것은 확실해 보인다. 해금이 우리나라에 들어온 시기를 자세하게 기록한 문서는 아직 발견되지 않았으며 여러 추측은 있으나 정확한 시기가 나타난 기록은 찾을 수 없다.

해금의 고려 유입에 대해 가장 많이 알려진 주장은 고려 1114년예종 9년에 송나라에서 보내왔다는 것이다. 당시 보내온 악기[063] 중에서 쌍현雙絃[064]이라는 악기를 해금으로 생각했기 때문인데 실

063　宋新賜樂器: 예종(睿宗) 9년 6월 신사(信使) 안직숭(安稷崇)이 송나라에서 돌아올 때 송의 휘종(徽宗)이 신악(新樂)을 보냈다. 철방향·석방향·비파·오현금·쌍현(雙絃)·쟁·공후·필률·적·포생·훈·대고·장고·박판·곡보(曲譜)·지결도(指訣圖) 등을 보냈다. 이 해 10월 태묘(太廟)에 친협(親祫)하였는데 그 때 송의 신악을 겸용하였다.『고려사 樂志』

064　쌍현이 찰현악기인 것 말고는 알 수 없다. 그에 관한 기록은 다음과 같다. '찰현류(擦

제로 이것이 해금인지는 명확하지 않으므로[065] 정확한 사실은 아니다.

당시 송나라에서 보내온 악기 중에서 쌍현을 제외한 모든 악기는 궁중음악에 사용된 악기들이었다. 그런데 민간에서만 연주되던 해금을 굳이 '쌍현'이라는 이름으로 고려에 보냈다는 것에는 의문이 든다.

이런 의문을 고려한 다른 주장으로 12세기 후반 남송에서 고려로 전해졌다는 주장[066]이 있는데 이는 하나의 추측일 뿐이다.

원나라에서 해금이 들어왔을 것이라는 주장도 있지만 〈한림별곡〉의 기록 시기와 원나라의 고려 침입 시기를 놓고 본다면 설득력이 없다. 원나라가 고려를 침입 하기 이전에 이미 〈한림별곡〉에 해금 기록이 있기 때문에 원나라의 침입과 시기상 맞지 않다. 그리고 원나라의 호금과 해금은 우리나라 해금과는 그 형태가 다른 악기이므로 우리나라의 해금은 원나라와는 전혀 관련이 없다.

弦類) 쌍현(雙弦) 장저(張翥) 作', '심원춘(沁園春) 次韻李元之 聽董氏雙弦', '誰喚嬌嬈 斜揷雙弦 華筵乍開 愛玉纖輕軋 半籠翠袖 歌喉緩引 暗點鴛鴦 胡部新聲 樂工巧製 (後略)' 唐中六편, 『中國樂舞詩』 악기권(중국 성도출판사, 1995) 494~495쪽.

065　송권준, 「해금의 한국 유입에 관한 고찰」, 『예술논문집』 제9집(부산대학교, 1993)
066　신대철, '한국·중국·일본의 해금류 악기', 135쪽.

　해금, 천년의 이야기

고려로 온 해인(奚人)들

해는 3세기 초에 고모해庫莫奚로 시작하여 911년 거란족의 요나라 친정親政 체제로 들어갔고, 996년에는 완전히 복속되었다. 요의 지배 하에서 해는 준 지배 계급으로 공존해 왔지만, 요의 후기에 들어서 어느 정도 내적인 갈등이 있었던 것으로 추정된다. 요나라 후기인 1030년 이후, 해인들이 일곱 차례에 걸쳐 고려로 귀화한 사실이 『고려사』에 기록되어 있다.

1030년(현종 21년): 10월 거란에서 해가(奚哥)·발해민 500인이 투항하여 강의 남쪽에 살도록 하였다.

1032년(덕종 원년): 거란 해가(奚家)의 내을고(內乙古) 등 27인이 투항하였다.

1033년(덕종 2년): 거란 해가(奚家)의 고요(古要) 등 11인이 투항하여 강의 남쪽에 살게 하였다.

1040년(정종 6년): 6월 국경 북쪽의 해가(奚家) 적을구(積乙仇) 등 이 와서 투항하였다.

1106년(예종 원년): 도병마사(都兵馬使)가 "요의 해가군(奚家軍) 내가(乃哥)가 번적(蕃賊)[067] 상구(霜丘)의 자식 아주(阿主)와

___
067   북쪽의 이민족을 도적으로 낮추어 나타낸 말.

함께 철갑옷 한 벌을 가지고 와서 받았습니다.”라고 보고하였다.

1116년(예종 11년): 거란인 33인, 한인 52인, 해인(奚人) 155 인, 숙여진(熟女眞)인[068] 15인, 발해인 44인 등이 왔다.

1117년(예종 12년): 발해인 52인, 해인(奚人) 89인, 한인 6 인, 숙여진인 8인이 요에서 투항하였다.

—『고려사』

고려 현종 21년1030 10월, 거란에서 해가奚哥와 발해 출신 500인이 고려로 투항하였으며, 이들은 강의 남쪽 지역에 정착하게 되었다. 이후 덕종 원년1032에는 거란 해가奚家 출신인 내을고內乙古 등 27인이 고려로 귀순하였고, 다음 해인 덕종 2년1033에도 해가 출신인 고요古要 등 11인이 투항하여 같은 지역에 거처를 마련하였다. 이러한 흐름은 계속되어 정종 6년1040 6월에도 국경 북쪽의 해가奚家 적을구積乙仇 등이 고려에 귀순하였다. 이후 예종 원년1106에는 도병마사가 거란의 해가군奚家軍 소속인 내가乃哥가 번적蕃賊 상구霜丘의 자식 아주阿主와 함께 철갑옷 한 벌을 가지고 고려에 투항했다고 보고하였다.

예종 11년1116에는 다양한 계층과 민족 출신의 사람들이 고려로 귀순하였다. 이들 중 거란인은 33명, 한인은 52명, 해인奚人은 155

068　중국 지린성(吉林省) 서남 지방에 살던 여진족.

　해금, 천년의 이야기

명, 숙여진熟女眞인은 15명, 발해인은 44명이었다. 다음 해인 예종 12년1117에도 요나라에서 발해인 52명, 해인奚人 89명, 한인 6명, 숙여진인 8명이 고려로 투항하며 이러한 흐름이 지속되었다.

요가 금에게 멸망당한 1125년과 가까운 시기인 1030년부터 1117년에 이르는 기간 동안 해인들은 고려로 귀화하였다. 『고려사』의 기록에는 귀화한 해인들의 소속이 '거란' 또는 '요'로 되어 있어 당시 해는 요의 지배하에 있었음을 알 수 있다.

기록으로만 보면 고려에 귀화한 해인들의 인구가 많았던 것은 아닌 것으로 보인다. 그렇다 하더라도 『악서樂書』의 기록대로 해금이 해족들의 대중적인 악기였다면, 그들이 고려로 이주할 때 자신들이 즐기던 악기인 해금을 가져왔을 가능성이 높다. 해금의 고려 유입은 해인들이 복잡한 정세 속에서 1030년부터 고려에 귀화하면서 시작되었고, 이때 유입된 해금이 고려 문화에 융합되어 1216년에 지어진 것으로 추정되는 〈한림별곡〉에 그 흔적이 기록된 것으로 보는 것이 합리적이다.

해인들은 해금을 가지고 고려로 귀화하여 해금의 전통을 이어갔다. 해나라의 상징과도 같았던 해금이 고려 문화 속으로 스며든 순간이라 할 수 있다. 만약 해금이 전해지지 않았다면, 해나라의 존재 역시 알려지지 않았을지 모른다.

고려시대 노래와 문학 속 해금

경기체가는 고려시대 고종 때 발생하여 고려 후기와 조선 전기까지 문학의 한 장르로 자리 잡아 임진왜란 이후 자취를 감추기 전까지 지배 계층의 삶과 문화를 엿볼 수 있는 독특한 시가 형식이다. 경기체가는 한문투의 화려한 표현과 우리말이 조화롭게 사용되었으며 귀족들의 학문적 자부심, 자연의 아름다움, 술과 음악 등의 풍류적 삶을 노래한다. 고려가요는 고려시대에 민간에서 불리던 민요적 성격의 노래로, 속요(俗謠)라고도 한다. 고려 후기부터 조선 초기에 걸쳐 한문으로 기록되었으며, 대부분 구전으로 전해졌다.

경기체가의 중 가장 오래된 작품은 고려시대의 '한림'이라는 관직명에서 유래한 한림의 여러 선비들이 지은 〈한림별곡〉이다. 〈한림별곡〉은 『악학궤범』과 『악장가사』에는 국한문으로, 『고려사』「악지」에는 한문과 이두로 실려 전한다. 〈청산별곡〉은 조선시대에 이르러 한글이 창제된 후 문자로 정착된 대표적인 고려가요이다.

여기서는 해금에 대한 기록을 살펴볼 수 있는 〈한림별곡〉과 〈청산별곡〉의 전문을 살펴보며 해금을 즐기던 당시로 돌아가 보자.

한림별곡

元淳 文(원순 문) 仁老 詩(인로 시) 公老 四六(공로 사륙)

李正言(이정언) 陳翰林(진한림) 雙韻走筆(쌍운주필)

冲基(충기) 對策(대책) 光鈞(광균) 經義(경의) 良鏡(량경) 詩賦(시부)

위 試場(시장)ㅅ 景(경) 긔 엇더ᄒ니잇고

(葉) 琴學士(금학사)의 玉笋門生(옥순문생)

　　琴學士(금학사)의 玉笋門生(옥순문생)

　　　위 날 조차 몃부니잇고

　　　　유원순의 문장, 이인로의 시, 이공로의 사륙변려문

　　　　이규보와 진화의 쌍운주필

　　　　유충기의 대책문, 민광균의 경서해석, 김양경의 시와 부

　　　　아, 이러한 분들이 모두 모여 시험을 치는 광경 그것

　　　　이 어떠합니까?

　　　　금의가 배출한 뛰어난 많은 제자들 금의가 배

　　　　출한 뛰어난 많은 제자들

　　　　아, 나까지 몇 분입니까?

　　　　唐漢書(당한셔) 莊老子(장로자) 韓柳文集(한류

　　　　문집)

　　　　李杜集(이두집) 蘭臺集(난대집) 白樂天集(백락천집)

　　　　毛詩(모시) 尙書(상서) 周易(주역) 春秋(춘추) 周戴禮

記(주대예기)

위 註(주)조쳐 내외온 景(경) 긔 엇더ᄒ니잇고

(葉) 太平廣記(태평광기) 四百餘卷(사백여권)

　　太平廣記(태평광기) 四百餘卷(사백여권)

　　위 歷覽(역남)ㅅ 景(경) 긔 엇더ᄒ니잇고

당서와 한서, 장자와 노자, 한유와 유종원의 문집

이백과 두보의 시집, 난대영사들의 시문집, 백거이의 문집

시경과 서경, 주역과 춘추, 대대례와 소대례

아, 이러한 책들을 주석까지 외는 광경이 그 어떠합니까?

태평광기 사백여 권을, 태평광기 사백여 권을

아, 두루 읽는 그 광경이 어떠합니까?

眞卿書(진경서) 飛白書(비백서) 行書(행서) 草書(초서)

篆籀書(전주서) 蝌蚪書(과두서) 虞書南書(우서남서)

羊鬚筆(양수필) 鼠鬚筆(서수필) 빗기 드러

위 딕논 景 긔 엇더ᄒ니잇고

(葉) 吳生劉生(오생유생) 兩先生(양선생)의

　　吳生劉生(오생유생) 兩先生(양선생)의

　　위 走筆(주필)ㅅ 景(경) 긔 엇더ᄒ니잇고

진경서, 비백서, 행서와 초서

전서와 유문, 과두문, 우서와 남서

양수필, 서수필 비스듬히 들어

아, 찍는 광경 그것이 어떠합니까?

오선생과 유선생 두 선 생이, 오선생과 유선생 두 선생이

아, 붓을 들어 글을 써 내려가는 광경, 그것이 어떠합니까?

黃金酒(황금주) 柏子酒(백자주) 松酒(송주) 醴酒(예주)

竹葉酒(죽엽주) 梨花酒(이화주) 五加皮酒(오가피주)

鸚鵡盞(앵무잔) 琥珀盃(호박배)예 ᄀ득 브어

위 勸上(권상)ㅅ 景(경) 긔 엇더ᄒ니잇고

(葉) 劉伶(유영)陶潛(도잠) 兩仙翁(양선옹)의

　　劉伶(유영)陶潛(도잠) 兩仙翁(양선옹)의

　　위 醉(취)혼 景(경) 긔 엇더ᄒ니잇고

황금주, 잣을 섞어 빚은 술, 솔잎을 넣어 빚은 술

댓잎 삶은 물로 담근 술, 배꽃 넣어 빚은 술, 오가피 삶은 물로 담근 술,

이렇게 좋은 술들을

앵무새의 부리 같이 만든 술잔, 호박으로 만든 술잔에 가득 부어

아, 윗사람에게 권하는 광경 그것이 어떠합니까?

유영과 도잠 두 신선이, 유영과 도잠 두 신선이

술에 취한 광경 그것이 어떠합니까?

紅牧丹(홍목단) 白牧丹(백목단) 丁紅牧丹(정홍목단)

紅芍藥(홍작약) 白芍藥(백작약) 丁紅芍藥(정홍작약)

御柳(어류) 玉海(옥해) 黃紫薔薇(황자장미) 芷芝冬栢(지지동백)

위 間發(간발)ㅅ 景(경) 긔 엇더ᄒ니잇고

(葉) 合竹桃花(합죽도화) 고온 두 분 合竹桃花(합죽도화) 고온 두 분

　　　위 上暎(상영)ㅅ 景(경) 긔 엇더ᄒ니잇고

붉은 모란, 흰 모란, 짙붉은 모란

붉은 작약, 흰 작약, 짙붉은 작약

능수버들과 옥매, 노란 장미와 자줏빛 장미, 지란과 영지와 동백

아 어우러져 핀 광경, 그것이 어떠합니까?

합죽과 복숭아꽃 고운 두 분이, 합죽과 복숭아꽃 고운 두 분이

아, 서로 비친 경치 그것이 어떠합니까

阿陽琴(아양금) 文卓笛(문탁적) 宗武中琴(종무중금)

帶御香(대어향) 玉肌香(옥기향) 雙伽倻(쌍가야)ㅅ고

金善琵琶(금선비파) 宗智嵇琴(종지혜금) 薛原杖鼓(설원장고)

위 過夜(과야)ㅅ 景(경) 긔 엇더ᄒ니잇고

(葉) 一枝紅(일지홍)의 빗근 笛吹(적취)

　　　一枝紅(일지홍)의 빗근 笛吹(적취)

　　　위 듣고아 줌드러지라

아양이 타는 거문고, 문탁이 부는 피리, 종무가 부는 중금

대어향 옥기향의 쌍가야금

금선이 타는 비파, 종지가 타는 해금, 설원이 치는 장고

이 밤을 새워 노는 광경 그것이 어떠합니까?

일지홍이 비스듬히 부는 피리 소리, 일지홍이 비스듬히 부는 피리 소리

　　　　　　　　　　　　　　　해금, 천년의 이야기

아, 듣고서야 잠들고 싶습니다

蓬萊山(봉래산) 方丈山(방장산) 瀛州三山(영주삼산)

此三山(차삼산) 紅樓閣(홍루각) 婥妁仙子(작작선자)

綠髮額子(녹발액자) 錦繡帳裏(금수장리) 珠簾半捲(주렴반권)

위 등망오호(등망오호)ㅅ 景(경) 긔 엇더ᄒᆞ니잇고

(葉) 綠楊綠竹(녹양녹죽) 栽亭畔(재정반)애

　　綠楊綠竹(녹양녹죽) 栽亭畔(재정반)애

　　위 囀黃鸎(전황앵) 반갑두셰라

봉래산, 방장산, 영주산의 삼신산

이 삼신산 홍루각의 미녀

아름다운 여인이 비단 장막 안에서 구슬로 만든 발을 반쯤 걷어 올리고

아, 오호를 바라보는 광경, 그것이 어떠합니까?

푸른 버들과 대나무를 심은 정자가 있는 언덕에서 푸른 버들과 대나무

를 심은 정자가 있는 언덕에서

아, 지저귀는 꾀꼬리가 반갑기도 하구나.

唐唐唐(당당당) 唐楸子(당추자) 皂莢(조협)남긔

紅(홍)실로 紅(홍)글위 요이다

혀고시라 밀오시라 鄭少年(정소년)하

위 내 가논 듸 늠 갈셰라

(葉) 削玉纖纖(삭옥섬섬) 雙手(쌍수)ㅅ길헤

削玉纖纖(삭옥섬섬) 雙手(쌍수)ㅅ길헤

위 携手同遊(휴수동유)ㅅ景(경) 긔 엇더ᄒ니잇고

호두나무, 쥐엄나무에

붉은 실로 붉은 그네를 맵니다.

당기시라. 미시라 정소년이여.

아, 내가 가는 곳에 남이 갈까 두렵다

옥을 깎은 것처럼 고운 두 손길에 옥을 깎은 것처럼 고운 두 손길에

아, 손을 마주 잡고 함께 노는 풍경 그것이 어떠합니까?

    경기체가의 대표작품 〈한림별곡〉 속 신진 사대부들은 풍류를 누리며 그들의 학문과 교양을 뽐낸다. 특히 후렴구 "경 긔 엇더하니잇고"는 운율을 살리면서 경기체가의 정서적 특징을 형성하는 중요한 요소로 사대부들의 학문적 성취와 풍류의 가치를 강조하며, 문장 속에 생동감을 불어넣는다.

    고려시대의 궁중과 사대부 사회에서는 학문뿐만 아니라 음악도 빼놓을 수 없는 문화였다. 궁중 음악과 민속 음악에서 사용되었던 해금은 당대 음악 문화에서 핵심적인 역할을 했으며, 〈한림별곡〉에서도 악기가 등장해 학문과 예술이 자연스럽게 어우러지는 모습이 나타난다. 작품 후반부에는 붉은 그네를 타며 풍류를 즐기는 장면이 등장하는데, 이는 귀족들이 학문에만 몰두한 것이 아니라 음악과 놀이를 통해 삶의 여유를 즐겼음을 보여준다. 고려시대 지배층에게 풍류는 단순한 오락이 아니라 교양과 신분을 드러내는 방식이었다.

    〈한림별곡〉은 반복되는 후렴구와 운율을 활용해 사대부들의 자부심과

학문적 깊이를 생동감 있게
표현하며, 또한 후대의 가사
문학에도 깊은 영향을 미쳤으며,
고려 문학의 중요한 유산으로 남았다.

청산별곡

살어리 살어리랏다 청산(青山)애 살어리랏다

멀위랑 ᄃ래랑 먹고 청산(青山)애 살어리랏다

얄리 얄리 얄랑셩 얄라리 얄라

살고 싶어라 살고 싶어라. 청산에 살고 싶어라.

머루랑 다래를 먹고 청산에서 살고 싶어라

우러라 우러라 새여 자고 니러 우러라 새여

널라와 시름 한 나도 자고 니러 우리노라

얄리 얄리 얄라셩 얄라리 얄라

우는구나 우는구나 새여. 자고 일어나서 우는구나 새여.

너보다 근심 많은 나도 자고 일어나서 울며 지내노라

가던 새 가던 새 본다 믈 아래 가던 새 본다

잉 무든 장글란 가지고 믈 아래 가던 새 본다

얄리 얄리 얄라셩 얄라리 얄라

날아가던 새(갈던 사래)를 본다. 물 아래(평원 지대)로 날아가던 새를 본다.

이끼 묻은 쟁기(녹슨 무기)를 가지고 물 아래로 날아가던 새를 본다

이링공 뎌링공 ᄒᆞ야 나즈란 디내와손뎌

오리도 가리도 업슨 바므란 쪼 엇디 호리라

얄리 얄리 얄라셩 얄라리 얄라

이럭저럭하여 낮은 지내왔지만

올 사람도 갈 사람도 없는 밤은 또 어찌 지낼 것인가?

어듸라 더디던 돌코 누리라 마치던 돌코

믜리도 괴리도 업시 마자셔 우니노라

얄리 얄리 얄라셩 얄라리 얄라

어디에다 던지던 돌인가? 누구를 맞히려던 돌인가?

미워할 사람도 사랑할 사람도 없이 (그 돌에) 맞아서 울며 지내노라

살어리 살어리랏다 바루래 살어리랏다

ᄂᆞ무자기 구조개랑 먹고 바루래 살어리랏다

얄리 얄리 얄라성 얄라리 얄라

살겠노라 살겠노라. 바다에서 살겠노라.

나문재, 굴, 조개를 먹고 바다에서 살겠노라.

가다가 가다가 드로라 에졍지 가다가 드로라

사ᄉᆞ미 짒대예 올라셔 히금(奚琴)을 혀거를 드로라.

얄리 얄리 얄라성 얄라리 얄라

가다가 가다가 듣노라. 외딴 부엌을 지나가다가 듣노라.

사슴이 장대에 올라가서 해금 켜는 것을 듣노라

가다니 븨브른

도긔 설진 강수를 비조라.

조롱곳 누로기 ᄆᆡ와 잡ᄉᆞ와니 내 엇디 ᄒᆞ리잇고

얄리 얄리 얄라성 얄라리 얄라

가더니 배가 불룩한 독에 진한 술을 빚는구나.

조롱박꽃 같은 누룩이 매워 (나를) 붙잡으니 나는 어찌하리오.

〈청산별곡의 시적 화자와 주제에 대한 다양한 견해〉
　ㅡ 유랑민(流浪民)이라는 견해: 시적 화자는 몽골의 침략, 척신의 횡포, 무
　　신의 난 등 내 내우외환에 시달리며 고통받는 고려 말의 민중으로 이들

은 현실의 어려움에서 벗어나고자 하는 이상향을 소망한다.

— 실연(失戀)한 사람이라는 견해: 실연의 슬픔을 잊기 위해 청산으로 도피하고 싶어하는 사람의 심정을 노래한다.

— 지식인(知識人)이라는 견해: 고려 말기의 혼란한 사회에서 좌절한 지식인으로 사회의 부조리와 혼란 속에서 현실의 고통을 잊고자 기적과 술로 도피처를 삼고 있다.

주로 자연의 아름다움과 궁중의 생활을 노래하던 경기체가의 대표작 한림별곡과 달리 청산별곡은 삶의 고통과 비애를 노래하며 화자의 절망과 고뇌를 드러내는데 청산과 바다는 화자가 꿈꾸는 이상향을 상징하며, 고통 없는 삶을 상징한다. 현실의 어려움에서 벗어나고자 한다.

특히 7장은 사슴으로 분장한 광대가 장대에 올라가서 해금을 켜고 있다. 이것을 들으며 현실의 시름을 잊는다는 해석과 사슴이 해금을 켜는 것과 같은 기적적 상황을 바라는 민중의 마음을 볼 수 있다. 이는 당시 백성들 사이에서 민중 악기로서의 해금의 위치를 확인할 수 있다. 또한 시름에 겨운 고려 백성들의 삶에 음악이 위로가 되었음을 알 수 있다.

조선시대의 해금

고려시대 속악기로 애용되었던 해금은 조선시대에 이르러 아속雅俗의 구별없이 폭넓게 쓰이는 중요한 악기가 되었다. 고려 때부터 애용된 민간에서의 풍류는 물론이고 궁중의 제례악, 연향악, 행악 등에 이르기까지 거의 모든 음악에 빠짐없이 쓰이게 되었다.

제례악의 해금 기록

제례악은 제례를 지낼 때 연주되는 음악과 춤을 의미한다. 종묘제례악은 조선시대 역대 왕과 왕비의 신주를 모신 종묘에서 제례를 봉행할 때 연주하던 제례 악무로,《보태평》과《정대업》등의 음악과 춤으로 구성되어 있다. 이 음악은 제례 절차에 따라 제사 때 신 앞에서 정적인 연주를 하는 등가와 제사 진행 중 분위기를 돋우는 헌가 중 정해진 악대가 연주하며 단정하고 절도있는 일무가 수반된다. 종묘제례악은 유교적 예제의 하나로, 인귀에 대한 제례에 수반되는 악무로서 고려시대에 정립된 유교식 제례의 전통을 이어받아 조선시대에 발전하였다.

제례악의 해금 용례가 처음 나타난 것은 세종 때인데 종묘가 아닌 문소전文昭殿[069], 휘덕전輝德殿[070], 관왕묘關王廟[071]의 제향에 해금이 편성되어 있다.

제향은 제례에서 음악과 춤을 통해 신명과 교류하는 것을 의미한다. 제례악은 이러한 제향에 사용되는 음악과 춤을 포함하며, 제사에서 음악은 중요한 요소로 여겨졌다. 조선시대에는 종묘, 문

---

069 조선 태조, 태종, 세종, 세조, 예종 등 왕가 조고(祖考) 들의 신위를 모신 사당. 장사훈, 『국악대사전』(세광음악출판사, 1984).
문소전 제향의 초헌악은 당악 중강 령(中腔 令), 악장은 환환곡(桓桓曲), 미미곡(亹亹曲)을 불렀는데 4字1句의 체제로 되어 있어 당악 중강 령에 적합한 형태로 추정된다. 아헌악에는 풍입송조, 종헌악에는 정동방곡을 연주하였다. 아헌의 악장은 유황곡(維皇曲), 유천곡(維天曲)을 불렀고 종헌에는 정동방곡을 불렀는데 모두 무정형의 체제로 되어 있다. 세종실록 권 147. 따라서 아헌과 종헌은 향악인 풍입송조와 정동방곡에 적합한 것으로 추정된다.

070 조선 세종의 비(妃) 소헌왕후(昭憲王后) 심씨(沈氏)의 신위(神位)를 봉안(奉安)한 곳. 세종 28년(1446)에 세웠다.

071 중국 삼국시대 촉한(蜀漢)의 무장 관우(關羽)를 모신 사당.

해금, 천년의 이야기

묘, 사직 등의 제사에서 아악이 사용되었고, 세종 중기에는 아악 제도가 정비되었다. 제향은 길례 제사에 관련되며, 슬픔을 표하는 흉례 제사에서는 음악이 연주되지 않는다.

당악은 중국에서 전래된 속악과 그 체제에 의해 창작된 악곡을 포괄하는 궁정 음악의 한 갈래다. 통일신라시대부터 조선시대에 이르기까지 연주되었으며 아악, 향악과 함께 삼부악으로 불린다. 당악은 아악과 함께 중국으로부터 전래된 악종으로, 통일신라시 대에는 당나라의 속악으로 한정되었지만, 고려시대 이후로는 신 라에서 전승된 당악의 바탕 위에 송, 원, 명나라의 속악까지 포괄 하여 중국 속악을 지칭하는 넓은 의미로 사용되었다.

향악은 우리나라 고유의 음악을 의미하며, 통일신라시대부터 중국에서 들어온 당악과 구별하여 사용된 개념이다. 향악은 주로 한반도 고유의 음악을 뜻하며, 고려시대에는 속악으로 불리기도 했다. 조선 전기에는 다시 향악으로 명명되었고, 향악과 당악을 통칭하여 속악이라 하였다. 조선 후기에는 제례악의 용도로 쓰인 향악곡과 구별하는 개념으로 사용되었으며, 오늘날에는 일반적 으로 우리나라 고유의 음악을 가리키는 의미로 쓰인다.

해금은 등가에서 첫 번째 술잔을 올리는 초헌의 당악에는 없으 나 전정에서 두 번째, 세 번째 술잔을 올리는 아헌 종헌의 향악에 는 편성되어 있다. 이것을 보면 조선 초기인 세종 당시에는 해금이 향악에만 사용되고 당악에는 편성되지 않은 것으로 추정된다. 이것은 해금이 고려 때 속악기로써만 사용된 관습이 조선 초까지 그대로 이어진 것으로 보인다. 다만 왕이 친히 참석하여 제례를 봉행하는 친행親行에서는 해금이 둘 편성되었으며, 다른 사람이 대신하는 섭행攝行에서는 하나만 편성되고 있다.

문소전에 임금이 친히 제사를 지내는 때의,… 당하악(堂下樂)은 박(拍)을 중간에 두고, 첫째 줄에는… 해금 하나를 왼쪽에, 하나를 오른쪽에 둔다.

— 세종 15년(1433년 5월 5일)

의정부(議政府)에서 예조(禮曹)의 공문에 의거하여 아뢰기를, 휘덕전에서 모시는 춘하추동의 큰 제향과 시속 명절의 별제(別祭)에 동궁(東宮)께서 친히 거행하실 때의 악기(樂器)는,… 전정(殿庭)에는 박(拍), 방향(方響), 대금(大琴), 교방고(敎坊鼓), 방향(方響) 각 하나씩 가운데 있고, 왼편으로 첫째 줄에 해금(奚琴), 가야금(伽倻琴), 비파(琵琶), 현금(玄琴) 각 하나씩,… 여섯째 줄에 장고(杖鼓) 둘이고, 오른편으로 첫째 줄에 현금(玄琴), 향비파(鄕琵琶), 가야금(伽倻琴), 해금(奚琴) 각 하나씩…

— 세종 29년(1447년 5월 2일)

　　　　　　　해금, 천년의 이야기

의정부에서 예조(禮曹)의 정문(呈文)에 의거하여 아뢰기를 휘덕

전에서 섭행(攝行)하는 제사(祭祀)에… 당하악(堂下樂)은… 둘

째 줄에 향필률, 가공(歌工) 2, 대금(大笒) 2, 가공(歌工) 2, 해금

(奚琴) 1…

— 세종 29년(1447년 7월 2일)

관왕묘의 제사에 사용된 악기는 무장武將의 제향에 맞게 관악기와 타악기가 전부였는데 해금이 둘 포함되고 있다. 현악기가 배제된 편성에 해금만이 관악기처럼 포함되어 있는 것은 현재 해금이 음악적으로 관악에 속하는 것과 같다. 관왕묘의 편성은 최초로 해금을 관악에 편성한 것이다.

속악과 관악은 서로 다른 개념의 음악을 지칭한다. 속악은 주로 민속악과 관련된 음악을 의미하며, 민간에서 향유되었던 음악을 포함한다. 속악은 정악이나 아악과 대비되는 개념으로, 민속음악이나 민간에서 자족적으로 연주되던 음악이다. 예를 들어 판소리, 산조, 잡가 등의 공연예술음악과 불교 및 무속의 종교음악이 속악에 포함될 수 있다.

반면 관악은 특정한 악기군을 지칭하는 용어로, 주로 관악기를 사용하여 연주되는 음악을 의미하며 바람을 불어 소리를 내는 악기인 피리와 대금 등이 이에 해당한다. 관악은 악기의 종류에 따

라 분류되는 음악이므로 속악과는 다른 기준으로 분류된다. 따라서 속악은 음악의 장르나 연주 형태에 따른 분류이고 관악은 악기의 종류에 따른 분류이다.

> 2월. 이에 앞서 상이 직접 관왕묘(關王廟)의 비명(碑銘)을 지어 묘정(廟廷)에 세웠었다. 이때에 이르러 상이 비명을 분장(分章)하여 악가(樂歌)로 만들도록 명하고, 음악은 3장(章)을 쓰도록 하였다. 관왕묘에 음악을 사용하는 것이 이때에 시작되었다.… 악기는 중고(中鼓)가 하나, 장고(杖鼓)가 둘, 필률(觱篥)이 둘, 대금(大金)이 하나, 소금(小金)이 하나, 가(歌)가 둘, 해금(奚琴)이 둘이다.
>
> — 신숙주『국조보감』[072]

앞에서 본대로 세종 때에 해금이 제례악에 사용되기 시작하였지만 구체적으로 어떠한 용례로 편성되었는가는 성종 때에 와서 비로소 알 수 있다. 오례의 종묘 영녕전의 등가와 헌가의 악기 편성인 악현樂懸을 보면 해금이 등가에 하나, 헌가에 둘을 배치하고 있다. 세종 때에 비하면 종묘의 등가와 헌가 모두 아·당·향악기가

072　연대는 미상이나 세종(1418~50 재위) 무렵으로 추측된다.

　　　해금, 천년의 이야기

모두 사용되고 있다[073].

따라서 성종조에 이르러 해금은 국가적인 행사인 오례의의 종묘, 전정 헌가, 고취 등에 모두 사용되었고 문소전과 연은전延恩殿[074]에서는 헌가에서만 사용되었다. 해금은 대개 헌가에 둘이 배치되었는데 왕이 직접 참석하지 않는 섭행이나 종묘의 등가에는 하나만 편성되었다. 해금의 배치 수는 피리나 대금 등 다른 관악기에 비하면 적은 수이다.

『악학궤범』에 해금은 향악기로서 다만 향악에만 사용된다고 한 점은 고려 때와 같으나, 조선 성종 때에 와서 아악기 당악기와 함께 제례악에 사용된 점이 다르다. 세종 때에 해금을 향악기로 언급한 기록은 실록에서도 분명히 확인된다. 흥미로운 점은 당비파로도 향악을 연주했다는 사실이다.

> 상정소(詳定所)에서 여러 학(學)의 취재(取才)에 있어 경서(經書)와 여러 기예(技藝)의 수목(數目)에 대하여 아뢰기를,… 악학(樂學)은… 거문고(玄琴), 가야금, 비파, 대금, 장고, 해금, 당비파(唐琵琶), 향피리【이상 향악(鄕樂)】
>
> — 세종 12년(1430년 3월 18일)

073　장사훈, 『국악대사전』(세광음악출판사, 1984)
074　성종의 아버지인 덕종(德宗)의 사당.

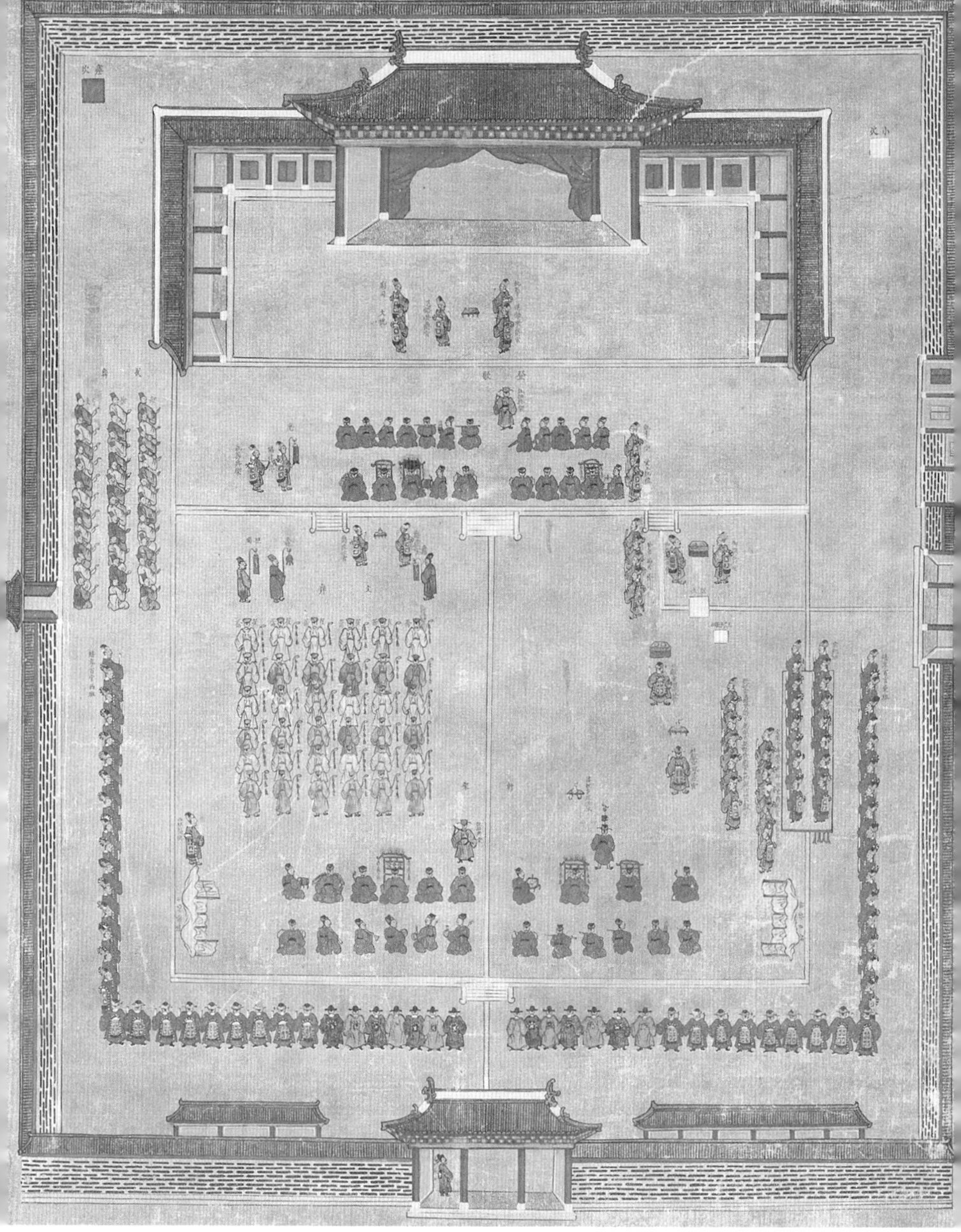

19세기 후반《종묘친제규제도설병풍》〈오향친제반차도〉(국립고궁박물관)
해금이 편성된 조선 후기 종묘 제례악의 악기 구성을 볼 수 있다.

이 밖에 해금이 제례악에 사용된 기록을 보면 숙종 때의 영소전永昭殿[075], 정조 때의 관왕묘關王廟의 기록이 있다. 영소전 전정악은 성종 때의 문소전 섭행 편성보다 약간 작은 편성이다. 관왕묘의 제향은 세종 때와 같은 편성으로 관·타악기와 해금으로 되어 있다.

숙종 32년1706의 종묘의궤에 의하면 종묘 영녕전 등가에 해금이 없는 점이 『악학궤범』 당시와 다르고, 헌가에는 1인이 편성되어 있고 오례의에는 등가에 1인, 헌가에 2인이 편성되어 있어 차이가 없다[076].

그 뒤에 예조에서 또 종묘 제향 때 전폐·진찬에는 악장(樂章)이 있으므로, 영소전에도… 전정악(殿庭樂)인 향비파 1, 가야금 1, 대금 2, 교방고 1, 현금 1, 당비파 1, 필률 1, 당적 1, 방향 1, 해금(奚琴) 1, 장고 2, 퉁소(洞簫) 1, 가(歌) 2, 집박(執拍) 1, 휘(麾) 1이다.

－숙종 7년(1681년 11월 6일)

수강문에서 장악원 제조 서유녕을 소견하였다. 서유녕에게 동관왕묘와 남관왕묘 제향에 연주할 악공들을 거느리고 뜰에서 연

075　숙종의 첫째 비(妃)였던 인경왕후(仁敬王后) 김씨(金氏)의 혼전(魂殿).

076　한국음악학자료총서 29『종묘의궤』(국립국악원, 1990), 25쪽.

습하라고 명하였는데, 제향이 하루 남았고 악장을 새로 만들었기 때문이다. 악공들은 모두 개주(介胄)를 착용하고 오방기치(五方旗幟)를 세웠으며, 영신(迎神)에는 왕재장(王在章)을, 전헌(奠獻)에는 힐향장(肹蠁章)을, 송신(送神)에는 석하장(錫嘏章)을 연주하였다. 악기는 중고 1, 장고 2, 필률 2, 대금 2, 태평소 2, 대금(大金) 1, 소금(小金) 1, 가(歌) 2, 해금(奚琴) 2이다.[077]

— 정조 10년(1786년 2월 4일,『일성록』)

제례악의 해금 용례가 처음 나타난 것은 세종 때인데 당시에는 오히려 향악에만 사용되고 당악에는 편성되지 않은 것으로 추정된다. 세종조 오례의·회례연에는 아악을 사용했으므로 해금은 당연히 편성되지 않았다. 이것은 해금이 고려 때 속악기로서만 사용된 관습이 이어진 것으로 보인다.

앞의 기록들에서 제례악에 해금이 사용된 것은 알 수 있으나 언제부터 해금으로 당악을 연주했을지 궁금하다.『악학궤범』당시에는 아·당·향악기가 모두 편성되어 합주를 하였다.『악학궤범』오례의 종묘, 성종조 종묘에서는 등가와 헌가 모두 종경과 함께 해금이 편성되었고, 오례의 전정헌가와 성종조 전정헌가에서

077　세종(1418~50 재위) 때 신숙주(申叔舟)가 편찬한 국조보감의 내용과 같다.

　　　　　　　　　　　　　　해금, 천년의 이야기

도 종경과 함께 해금이 편성되었다. 이러한 사실에서 적어도 『악학궤범』 이후부터는 종경이나 당피리와 함께 해금으로도 당악을 연주했을 것으로 추측된다.

행악 속의 해금

현재 해금을 연주할 때는 바닥에 반가부좌半跏趺坐로 앉거나 의자에 앉아서만 연주를 한다. 해금을 서서 연주하는 예는 거의 없고 창작음악을 연주할 때 간혹 볼 수 있을 뿐이다. 더군다나 행진을 하면서 연주하는 경우는 더욱 보기 어렵다. 그러나 현재와 달리 조선시대 행악에서 절대 빠지지 않는 악기가 해금이었다.

행악은 왕이 행차를 할 때나, 통신사의 행렬, 관리들의 행차, 또는 회방례回榜禮[078], 삼일유가三日遊街[079] 등의 잔치 행렬에서 사용된 음악이다. 행악이 기록되어 있는 자료는 조선왕조실록, 조선통신사에 관한 일기, 그림자료 등이다.

---

078 예전에 대과(大科)나 소과(小科)에 합격한 날로부터 60주년을 맞아 벌이던 축하 잔치.
079 과거에 합격한 후 왕이 내려준 어사화(御史花)를 꽂고 3일 동안 행진을 하며 잔치를 열었다.

조선시대 행악의 모습은 일찍이 통신사에 관한 많은 기록에서 확인해 볼 수 있다. 통신사는 1428년부터 1811년까지 조선의 왕이 대일 기본 정책인 교린交隣을 실현하기 위해 일본 막부幕府의 장군將軍에게 보낸 신의信義의 외교사절을 말한다. 통신사는 조선시대 전반에 걸쳐 파견되었지만 일반적으로는 1607년부터 1811년까지 12차례 행해진 통신사를 지칭한다[080].

통신사의 기록 중에서 해금 연주에 대한 기록을 보면 조선 초기 성종 때, 통신사 파견에 해금이 포함된 것을 확인할 수 있다. 당시 통신사의 음악 규모는 임진왜란 이후에 비해 매우 작았던 것으로 보인다.

> 예조(禮曹)에서 일본국 통신사 사목(日本國通信使事目)을 아뢰기를… 태평소(太平簫) 2, 대금 1, 해금(奚琴) 1, 당비파(唐琵琶) 1, 장구[杖鼓] 1, 피리 1을 전례에 따라 상의원(尙衣院)을 시켜 제급(題給)한다.
>
> — 성종 8년(1477년)

> 예조(禮曹)에서 아뢰기를, "이제 통신사(通信使)의 사행(使行)

1711년 〈조선통신사 행렬도〉의 취고수와 세악수 (국사편찬위원회)

에 응당 해야 할 여러 가지 일들을 을미년의 예(例)를 상고하여
조목조목 기록하여 아룁니다… 태평소 2, 대금 1, 해금 1, 당비
파 1, 장고 1, 피리 1개는 상의원(尙衣院)의 소장(所藏)을 쓰며…

— 성종 10년(1479년)

조선통신사의 행렬도에 나타난 해금은 그 규모에 따라 조선 초
에는 하나가 편성되었고 임진왜란 이후에는 악대의 규모도 커지
고 해금도 둘이 편성되었다. 해금은 특히 숙종 23년1697 이후에 대
금, 피리, 장구, 북과 함께 세악수로 편성되었고 후에 삼현육각으
로 정착된 것으로 추정되는데 "육각六角"이라는 단어가 통신사 관
련 문헌에 기록되어 있어 매우 흥미롭다.

육각(六角)이 정지되자 원역(員役)의 종들이 각기 자기 원역을
따르고, 악공, 취수(吹手), 전도(前導), 사령(使令)들이 모두 줄을
지어 들어가는데, 문마다 갈도(喝道) 소리를 낼 뿐이었다. 성 밖
에 모두 호를 파서 물을 끌어들였는데 넓이가 수십 간은 되며 판
교(板橋)를 걸쳐 놓아 성문과 통하고 그 제도가 장대하다[081]…

— 영조 24년(1748년)『봉사일본시문견록』

081　조명채(曺命采),『봉사일본시문견록(奉使日本時聞見錄)』(고전국역총서).

조선 후기 문신으로 1763년 조선통신사의 정사正使였던 조엄趙曮[082]은 그의 『해사일기』에는 동래에 거주했던 해금 잡이 장복삼이라는 이름이 기록되어 있다.

> 정사(正使) 신(臣) 조엄(趙曮)이 거느린 공인(工人)으로 해금차비(奚琴差備)인 동래 사는 장복삼(張卜三)과 부사 신 이인배가 거느린 공인으로 장부차비(長缶差備)인 동래 사는 유원봉(劉元奉) 및 격군(格軍)인 영덕(盈德) 사는 유극돌 바위[劉克乭巖回]와 종사관(從事官) 신 김상익(金相翊)이 거느린 격군인 부산 사는 송귀돌(宋貴乭) 등이 신병이 갑자기 위중하여 증세가 매우 위독해서 데리고 가기 어려워, 부득이 따로 비선(飛船)을 정하여 모두 그 원적(原籍) 고을로 돌려보냈기에, 연유를 치계 하옵나이다…
>
> ― 조엄(趙曮)『해사일기(海槎日記)』

앞에서 살펴본 행악에 비해 가장 규모가 큰 것은 1927년의 〈조선열성조 능행도〉에서 볼 수 있다. 악대는 말을 타고가며 연주하는 기마대로 모두 3개의 악대가 편성되어 있다.

---

082 조엄(趙曮, 1719년 - 1777년)은 조선 후기의 문신(文臣)이다. 1763년 통신사로 일본에 갔을 때 고구마 종자를 가지고 와서 국내에 최초로 재배하게 하였다. 정조의 즉위 직후 홍국영 등의 무고로 유배되어 병으로 세상을 떠났다. 시호는 문익이다.

행렬의 앞쪽 악대가 54명으로 가장 큰 편성이다. 다음은 어전취타가 44명, 행렬 뒤쪽의 대취타가 44명이다. 이들 기마악대는 모두 징鉦, 소라螺, 목나발朱喇[083], 나발太平簫, 바라, 북, 태평소胡笛, 해금, 대금, 피리管, 장고 등으로 편성되어 있다. 붉은 목나발이 따로 편성된 것이 특이하며 나발은 태평소로, 태평소는 호적으로 기록되어 있으며 대금은 笛, 피리는 管이라 적고 있다. 징은 둘 씩 편성되며 모든 악기는 큰 악대에서 5명씩, 작은 악대 4명씩 배치된다. 따라서 대취타를 포함한 모든 악대에 해금이 편성되어 있는 점이 특이하다.

이밖에 악대의 지휘관인 계라차지啓螺差知가 둘씩 선두에 편성되는데, 어전취타는 따로 취라차지吹螺差知라 기록되어 있고 취타대의 복색도 현행과 같이 노란색으로 그려져 있는 것이 다르다.

해금은 여러 형태의 행악에서 사용되었는데 가장 큰 규모의 행악은 왕의 행차에 편성된 것이었다. 조선 말기의 능행도에서 본대로 악대의 편성 규모에 따라 해금은 5명 혹은 4명씩 배치되고 모두 말을 타고 가며 연주하는 기마악대였다. 뿐만 아니라 대취타 악대에도 해금이 편성되어 있는 것이 특징이다.

---

083 붉은 칠을 한 나무로 만든 나발인 것으로 보인다. 목나발은 필자가 임의로 붙인 것이며 다른 이름 筋와 같은 악기이다.

  해금, 천년의 이야기

1719~1720년 《기사계첩》〈봉배귀사도〉 (국립중앙박물관)
기로신(耆老臣)들이 하사받은 은배(銀盃)를 들고
기로소로 돌아가는 행렬을 그린 그림으로,
행악에 비파가 포함되어 있고 해금은 셋이 편성됨.

행악은 일본에 파견한 통신사通信使의 많은 기록에서도 발견된다. 조선 초기 성종 때에는 통신사의 음악 규모가 작아서 해금이 하나 포함되어 있었다. 임진왜란 이후에는 통신사의 규모가 커지면서 행악의 편성도 확대되고 해금도 둘이 편성되어 나타난다.

관리가 부임하는 행차에서도 행악이 연주되었는데 김홍도의〈안릉신영도安陵新迎圖〉를 보면 해금은 삼현육각 편성의 세악수에만 편성되어 있다. 별도로 취고수는 북, 징, 목나발哱, 나발, 태평소가 각각 둘 씩 모두 10명의 편성에다 노란색 쾌자를 입은 복색이 현행 대취타와 비슷하다.

행악은 민간의 잔치 행렬에서도 연주되었는데 대개 삼현육각 편성 속에 해금연주 모습이 그려져 있다. 과거급제를 자축하는 삼일유가三日遊街나 과거 급제 60주년을 기념하는 회방례回榜禮 등에서 행악의 모습을 볼 수 있다.

세악수라는 말은 1697년의 『어영청초등록御營廳抄謄錄』에 처음 나오며, 취고수吹鼓手들에 비해 세악수들은 피리·대금·해금·장구·북 등을 연주하였다[084]. 그 후 1764년 추정의 통신사 행렬도에는 혜금嵇琴 또는 혜금嵇琴으로 적혀 있고 말을 타고 해금을 연주하는 모습이 그려져 있다.

---

084 『조선후기 문집의 음악사료』(한국예술종합학교 전통예술원, 2000) 99쪽, 주 180

 해금, 천년의 이야기

1786년 〈안릉신영도〉의 취고수와 세악수 (국립중앙박물관)

〈안릉신영도安陵新迎圖〉의 세악수는 삼현육각 편성이며 북, 나발, 호적 등의 취고수와 구별된다. 장구-해금-피리, 용고-대금-피리의 순서로 2열이다. 취고수는 용고, 자바라, 발哱, 나발, 호적 등이 각각 둘 씩 편성된다. 취고수는 행렬의 앞쪽에서, 세악수는 행렬 주인공의 앞에서 행진한다.

해금의 활은 두 줄 사이에 끼워져 따로 분리되지 않는다. 그래서 해금은 말을 타고 가면서도 연주가 가능한 유목민들의 악기였다. 그런 해금의 특성이 해금을 우리나라의 행악에서 빠질 수 없는 악기로 자리매김하였다고 생각된다. 이제 왕과 함께 행차行次는 사라지고 행악만 남게 되었다. 그리고 해금의 연주 자세도 유목민적 특성은 도태되고 농경민의 좌식 자세로 바뀌었다고 볼 수 있다.

1719~1720년 《기사계첩》 〈어첩봉안도〉 고취악대 (국립중앙박물관)

18세기 〈전 김홍도필 담와 홍계희 평생도〉 삼일유가 (국립중앙박물관)
영조 때의 문신인 홍계희(洪啓禧)를 주인공으로 하는 평생도 중 삼일유가(三日遊街).
북, 장고, 해금, 대금, 피리 둘의 순서로 삼현육각의 행악 연주 모습.

해금, 천년의 이야기

18세기 〈사람의 일생(평생도)〉 삼일유가 (국립중앙박물관)
과거 급제 후 어사화를 꽂고 3일 동안 행진을 하며 잔치를 즐기는 그림.
해금, 대금, 피리2, 장구, 북의 삼현육각의 행악을 연주 장면.

19세기 〈평생도〉 회방례 (국립중앙박물관)
회방례(回榜禮)는 대과(大科)나 소과(小科)에 급제한 날로부터 60주년이 되는 해를 맞
아 벌이던 축하 잔치로 삼현육각으로 행악을 연주 모습.

20세기 초 〈평생도〉 (서울역사박물관)
취고수와 세악수.

20세기 〈평생도〉 삼일유가 (국립중앙박물관)
해금, 대금, 피리2, 장구, 북의 삼현육각 행악 연주 장면.

20세기 〈평생도〉 관찰사부임도 (국립중앙박물관)

COREAN ARTIST (the Cornell University Library)
실제 행악 연주자로 보이는 1904년 서서 켜는 해금 연주자 사진 엽서.

 해금, 천년의 이야기

궁중 연회의 해금 기록

연향악宴享樂에 대한 기록은 조선왕조실록, 진연 및 진찬 의궤 등의 그림자료에서 살펴볼 수 있다. 조선왕조실록의 연향악 기록은 세종 때와 연산군, 영·정조 무렵에 기록이 집중되어 있다.

세종조 초기에는 오례의五禮儀[085], 회례연會禮宴[086]에 아악을 사용했으므로 향악기인 해금은 편성되지 않았다. 세종 16년 이후 회례에서 연주되던 아악이 폐지되면서 등가와 헌가는 없어지고 동쪽에 향악기, 서쪽에 당악기를 배치하는 제도만이 답습되었다[087]. 세종 16년 어전 예연을 위한 향악의 악기에 해금이 편성되었고, 이후 어전 예연에서 해금이 향악을 연주한 것으로 보인다. 다음의 기록에서 그 사실을 확인할 수 있다.

관습도감이 아뢰기를,

"어전 예연에 향악은 동쪽에 있어, 첫째 줄에는 해금(奚琴), 당비파, 가야금이 각각 하나… 넷째 줄에는 장고가 넷인데, 위의 향악

---

085 나라에서 지내던 다섯 가지 의례. 곧, 길례(吉禮 제사와 관련된 의례)·흉례(凶禮 장례에 관한 국가의례)·군례(軍禮 군대에서 행하는 유교의식)·빈례(賓禮 외국의 사신 접대의례)·가례(嘉禮 경사스러운 예식이나 왕실 가족의 혼례)를 뜻한다.

086 조선시대 설날과 동지(冬至)에 임금과 문무 관료들이 궁궐에 함께 모여 술과 음식을 들며 베풀던 큰 잔치.

087 이혜구,『한국사』중 음악부분 조선 전기(국사편찬위원회), 334쪽.

안에서 전에는 당비파가 하나, 해금이 하나이던 것을, 이제 각각
하나씩 더하고…

— 세종 16년(1434년 7월 18일)

세종 이후 연향악에 관한 해금의 기록이 실록에서 보이는 것은
연산군에 이르러서이다. 풍류를 즐겼던 왕답게 음악에 관련해서
도 많은 기록을 남기고 있다. 당시 기록을 살펴보면 기생들이 해
금을 연주다는 사실과, 해금을 포함한 다양한 악기가 만들어졌고,
이를 화려하게 치장했던 내용들이 보인다.

해금을 연주했던 기생들의 이름은 옥경과 광한선廣寒仙 두 사
람밖에 보이지 않지만 해금이 조선에 이르러 일반화된 구체적인
모습을 보여준다. 고려 때부터 속악기로 민간에서 사랑받았던 해
금이 조선 건국 이후 약 100여 년이 지나 연산군 때에 이르러 임
금도 사랑하는 악기가 된 것이다.

승정원에 내수사의 단자(單子)를 내리고 전교하기를… 그러므로
윤채 역시 자복하기를, '서울로 돌아올 때에 삼계 부정의 집에 이
르러, 옥경을 시켜 해금을 타게 하고 소찬(素饌)으로 술을 마셨
을 뿐이다.' 하였습니다.

— 연산군 2년(1496년 1월 1일)

전교하기를, "내일 양전(兩殿)께 작은 잔치를 드릴 때에 해금 잘
타는 기생을 뽑아 붉은 치마를 입히지 말고 편복(便服)으로 대
궐에 들게 하라. 무늬 있는 붉은 치마라면 입어도 된다." 하였다.

― 연산군 9년(1503년 6월 13일)

장악원(掌樂院) 관원이 해금 타는 기생 광한선(廣寒仙) 등 4인을
적어서 아뢰니, 전교하기를, "요사이 비가 마침 흡족하게 왔으므
로 작은 잔치를 양전께 드리는 것이니, 광한선 등에게 해금을 가
지고 들어오게 하라."하고, 좀 있다가 전교하기를, "가야금과 아
쟁(牙箏) 잘 타는 기생을 한 명씩 또 빨리 뽑아 들이라." 하였다.

― 연산군 9년(1503년 11월 20일)

술이 한창일 적 왕이 안으로 들어가므로 형윤과 희보가 부축하
여 모시고 안뜰로 들어가 앉았는데, 왕이 광한선(廣寒仙)을 끌어
당겨 곁에 앉히고 해금(奚琴)을 타게 하며 형윤을 참판이라고 불
러 이르기를, "너를 이조 참판으로 삼는다." 하고, 드디어 신을 벗
어 하사하였다.

― 연산군 9년(1503년)

앞의 제례악이나 세종 당시의 어전 예연에서 보았듯이 해금의

편성은 둘에 불과했으나 연산군에 와서는 해금을 비롯해서 연향에 사용할 관현악기를 30~40대씩 조달하였다. 뿐만 아니라 악기 수십 대를 모두 침향과 순금으로 장식하였다. 다음 실록의 기록에도 보이듯 우리 연향악이 역사 속에서 이처럼 화려한 시대는 또 없었을 것이다.

전교하기를, "당비파·현금·가야금 각 40, 요고·해금(奚琴)·적·필률 각 34, 박 10, 소고 6, 아쟁 30을 시기에 미쳐 모조리 만들어 들이라." 하였다.

— 연산군 11년(1505년 1월 4일)

명하여 갈고, 현금, 박, 적, 해금(奚琴), 가야금 등 악기 수십 부를 모두 침향과 순금으로 장식하였다.

— 연산군 11년(1505년 7월 8일)

가장 화려했던 연산군 시대 이후 연향악에 관한 해금의 기록은 다음 두 건이 보인다. 하나는 영조가 사옹원에서 왕세손이었던 정조에게서 술잔을 받을 때, 그 음악을 고취 대신 해금 한 쌍만을 연주하도록 했다는 기록이다. 앞의 실록에서 연산군이 해금 연주를 즐겨들었다는 것을 확인하였는데, 영조도 해금을 애호했다는 것

    해금, 천년의 이야기

을 추측할 수 있다. 다른 하나는 정조 때 음악을 정비한 기록으로
서명응徐命膺이 참석한 가운데 해금 등의 시연회를 열었다는 것으
로, 서명응은 후일 『유예지』를 저술한 서유구徐有榘의 조부이다.

사옹원에 나아가서 찬품을 받다.

… 도제조 김상철이 고취를 올리기를 청하니, 임금이 해금(奚琴)

한 쌍만 올리기를 명하였다. 왕세손이 작(爵)을 올리니, 여러 신

하가 모두 일어나 서서 부복하며 일제히 천세를 세 번 불렀다.

— 영조 49년(1773년 7월 27일)

악기·악곡·연주 등 악제를 정비하게 하다.

융효문에 나아가 장악원 제조 이중호·김용겸, 판중추 서명응을

소견하고, 악공과 악생에게 악기를 가지고 들어오라고 명하였다.

임금이 먼저 가금(歌琴)을 연주하게 하고, 종경과 합주하게 하였

는데, 합주가 끝나자, 임금이 말하기를… 가야금을 타도록 명하

고, 또 비파·아쟁·해금(奚琴)을 타도록 명하고, 또 대금 ·피리를

불도록 명하였다.

— 정조 2년(1778년)

앞에서 살펴 본 실록의 기록 외에 진연 및 진찬의궤를 통해 해

금이 연향악에 사용된 것을 확인할 수 있다.

18세기 때에는 등가와 헌가에 해금이 모두 각각 둘 씩 편성되었던 것이 19세기에 와서는 1827년에 각각 넷으로 늘어나고 있다. 그러나 2년 후에는 헌가에서 다시 둘로 줄어들고 등가는 계속 넷으로 편성이 유지된다. 예외로 정조19년1795의 〈화성능행도병 낙남헌양로연도〉를 보면 42명의 악대 편성 속에서 5명의 해금이 편성된 것을 볼 수 있다.

등가와 헌가는 한국 전통 음악에서 중요한 역할을 하는 악대이다. 등가는 단 위에 설치되어 악장 가창을 담당하는 악대로, 유교 경전에 그 역할이 기록되어 있다. 등가는 주로 제례와 회례에서 사용되었으며, 조선 후기에는 전상악과 혼용되어 사용되기도 했다. 헌가는 문묘제례악에서 아헌과 종헌의 절차에서 연주되는 악대이다. 헌가는 고선궁을 연주하며, 그 음악에 맞추어 무무인들이 〈소무지무〉를 춘다. 이는 초헌의 절차에서 연주되는 등가와는 다른 연주 조건을 가지고 있다. 초헌에서는 등가가 남려궁을 연주하고, 문무인 〈열문지무〉를 춘다.

이와 같이 문묘제례악의 성안지악은 초헌례에서는 등가가 음려인 남려궁을 연주하고, 아헌과 종헌례에서는 헌가가 양률인 고선궁을 연주하여 음양의 조화를 이룬다. 따라서 등가는 주로 단 위에서 악장을 노래하는 역할을 하며, 헌가는 문묘제례악에서 특

김득신의 《화성능행도병》 〈낙남헌양로연도〉 (국립중앙박물관)
《화성능행도병》의 제4폭으로 5명의 해금 편성.

정 절차에 맞춰 연주하는 역할을 한다.

해금의 편성은 대개 등가에서는 4인, 헌가에서는 2인이었다. 헌가의 악현이 더 크지만『악학궤범』당시 조선 초기의 악현을 보면 상대적으로 등가의 편성이 더 컸음을 알 수 있다. 대금, 피리는 등가에서 10인, 헌가에서는 8인이었다. 해금의 편성은 대금, 피리에 비해 반도 안 되지만, 현악기에 비하면 2배수여서 해금은 관악기와 현악기의 중간적인 편성을 보여주고 있다. 배치도를 보면 헌가에는 현행처럼 악기별로 한 자리에 배치되지만 등가에는 대칭형으로 분산 배치되어 현재와 다르다[088].

진연 진찬의궤의 기록과 그림 외에도 다양한 그림에 연향악의 모습이 전하고 있다. 진연 진찬의궤에 비해 대개 규모는 작지만 매우 다양한 잔치 모습이 기록되어 있으며 이 연향들은 모두 왕이 베풀거나 관청에서 행한 것을 그림으로 남긴 것이다. 이 그림들은 진연 진찬의궤보다 오히려 더 풍부한 내용을 담고 있으며, 연대를 보더라도 의궤의 해금 기록이 대개 18세기 이후임에 비해 그림 자료는 16세기부터 연향악의 모습을 보여주고 있다.

088　임미선, "기사 진표리 진찬의궤에 나타난 궁중연향의 면모와 성격",『국악원논문집』제7집(국립국악원, 1995), 171~174쪽.
　　　남상숙, "무신년 진찬도에 관한 고찰",『국악원논문집』제3집(국립국악원, 1991), 9쪽.
　　　송혜진, "임인년 진연병풍 9폭의 그림",『국악원논문집』창간호(국립국악원, 1989), 114쪽.

연향악의 해금 그림자료 목록

연도	내용
1580	알성시은영연도
	해금, 장구, 비파, 현악기 등 편성. 무용 반주
1585	선조조기영회도
	대금, 북, 비파, 해금, 박, 피리2, 거문고, 장구2 편성
1605	경수연도
	박, 장구, 북, 해금, 대금, 피리, 비파, 생황 편성
1621	기로소연회도
	박, 장구, 북, 해금, 대금, 피리, 거문고 편성
1621	기석설연지도
	박, 장구, 북2, 대금2, 거문고3, 피리, 해금 편성
1655	선묘조제재경수연도
	해금과 북
1691	칠태부인경수연도 1: 박, 편경, 장구2, 북, 해금, 대금2, 피리3, 거문고2, 가야금, 비파2 등 16명 편성 2: 대금2, 장구, 가야금, 거문고, 비파2, 해금 순서로 배치
1691	경수연도 1: 박, 편경, 장구2, 북, 해금, 대금2, 피리3, 거문고, 가야금2, 비파2 등 16명 편성 2: 대금2, 가야금, 거문고, 비파2, 장구, 해금 순서로 배치
1710	숭정전진연도
	편종, 편경, 건고, 해금 등 22명 편성
1719 ~1720	기사계첩 중 경현당석연도
	해금4 분산 배치 포함 29명 편성
1719 ~1720	기사계첩 중 봉배귀사도
	해금3 분산 배치 포함 15명 편성 4열 행악

연도	내용
1719 ~1720	기사계첩 중 기사사연도
	해금4 분산 배치 포함 19명 편성
1724	갑진기사연회첩
	해금2 포함 9명과 여악2, 포구락, 처용무 반주
1730	이원기로회도
	집박과 삼현육각의 처용무, 포구락 반주
1743	대사례도 중 시사도
	편종, 편경, 비파 등과 편성
1744	기사경회첩 중 사악선귀사도
	해금3 포함 21명 편성 7열 행악
1744	기사경회첩 중 본소사연도
	해금2 포함 15명 편성 처용무 등 반주
1744	종친부사연도
	박, 해금2, 비파2 포함 12명 편성
18세기	중묘조서연관사연도
	현악기, 해금, 비파, 피리, 대금 편성 무용반주
18세기	선묘조제재경수연도
	해금과 북
1828	중묘조서연관사연도
	현악기, 해금, 비파, 피리, 대금의 편성 무용반주
19세기	중묘조서연관사연도
	삼현육각의 무용 반주
19세기	선묘조제재경수연도
	박, 편경, 비파, 해금, 대금, 피리2 외 가야금2, 무용반주

궁중 연회의 해금 그림

여기에서 말하는 궁중 연회는 왕이 주최하거나 왕과 관련된 잔치를 말한다. 민간의 잔치와 다른 점은 악기의 편성과 규모, 악사들의 복색이다.

사연도賜宴圖는 후세에 여러 번 모사模寫되었는데, 새로 그려질 때마다 악사의 악기 편성이 변했다. 처음에는 비파 등의 현악기가 있다가 나중에는 삼현육각 편성으로 바꾸어 그렸다. 이는 시대의 흐름에 따라 악기 편성에 변화가 있었고, 그에 따른 연주음악의 변화가 있었기 때문이라 생각된다.

1535년 왕세자 교육을 담당한 39명의 서연관書筵官에게 내려준 연회를 기록한 그림인 〈중묘조서연관사연도〉가 이후 모사될 때 악기 편성과 배치가 바뀌었고, 1605년 〈경수연도〉도 모사되면서 악기의 그림이 많이 변하고 있는데 이 역시 모사할 당시의 음악을 반영한 것으로 볼 수 있다.

1584년 〈기영회도〉 (국립중앙박물관)
만 70세 이상의 2품 이상 원로 사대부로 구성된 기영회 그림.
피리 둘, 대금, 비파, 박, 장고, 해금, 현악기, 북의 편성.

1585년 이후 〈기영회도〉 (국립중앙박물관)
1585년(선조 18)에 있었던 기영회 그림.
피리 둘, 대금, 비파, 박, 장고, 해금, 현악기, 북의 편성.

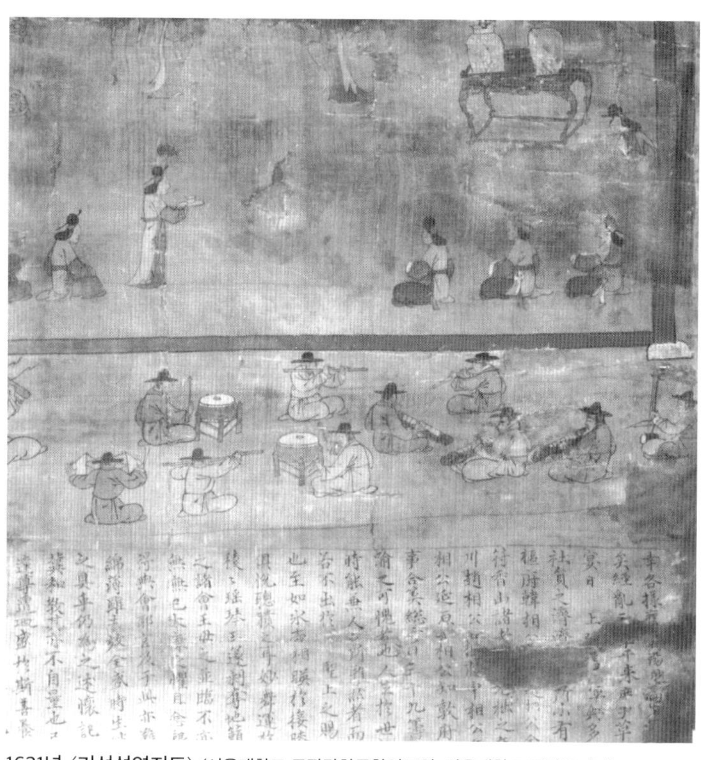

1621년 〈기석설연지도〉 (서울대학교 규장각한국학연구원, 서울대학교 중앙도서관)
광해군 13년 70세 이상의 대신들을 위한 기로연을 그린 그림.
박, 장구, 북2, 대금2, 피리, 거문고3, 해금 등의 편성.

1767년 《경이물훼》〈중묘조서연관사연도〉(국립고궁박물관)
삼현육각 편성.

1710년 〈숭정전진연도〉 (국립중앙박물관)
숙종 36년 경희궁 숭정전에서의 진연.
박, 북, 장구2, 해금, 종적, 당비파, 횡적, 편종, 편경, 대금 등의 배치.

1719~1720년 《기사계첩》〈기사사연도〉 (국립중앙박물관)
숙종 45년에 숙종이 기로소(耆老所)에 들어간 것을 기념하 기로회(耆老會) 장면.
처용무에 해금이 전후 열에 각각 둘씩 편성.

1719~1720년 《기사계첩》 〈경현당석연도〉 (국립중앙박물관)
악대, 처용 5인, 무동.

해금, 천년의 이야기

1730년 〈이원기로회도〉 (서울대학교 규장각한국학연구원, 서울대학교 중앙도서관)
이원(梨園)은 장악원(掌樂院)의 별칭. 삼현육각에 처용무와 포구락 공연.

1744년 《기사경회첩》〈본소사연도〉(국립중앙박물관)
피리, 장구, 해금, 비파 등 악대.

1744년《기사경회첩》〈사악선귀사도〉(국립중앙박물관)
무동, 처용 5인, 악대의 행렬.

1745년 〈칠태부인경수연도〉 (부산박물관)
1691년(숙종 17년) 8월 경수연(慶壽宴)을 그린 그림.
1실과 2실 사이에는 거문고와 비슷한 현악기 3, 북 1, 관악기 5, 장구 2, 해금 1, 비파 2의
악인을 배치하고, 제2실의 당 밖에 해금 1, 비파 2, 거문고와 비슷한 현악기 2, 관악기 2,
장구 1 등 8명의 악인을 다르게 배치.

1767년 《경이물훼》〈선묘조제재경수연도〉 (국립고궁박물관)
해금과 장고, 북의 연주 모습.

1795년 《화성원행의궤도》 〈봉수당진찬도〉 (국립중앙박물관)
화성행궁의 봉수당에서 거행된 혜경궁 홍씨의 회갑연을 그린 기록화.
궁중 무용의 반주 악사(樂生)로서 앞 줄에 해금 둘을 배치.

154 　　　　　　　　　　　　　　　

1828년 〈서연관사연도〉 (서울대학교 규장각한국학연구원, 서울대학교 중앙도서관)
현악기, 비파, 성악, 비파, 대금의 편성.

1848년 〈무신진찬도〉 (국립중앙박물관)
헌종 14년 대왕대비 순원왕후의 육순과 왕대비 신정왕후의 망오(41세)를 맞이하여
창경궁에서 거행된 잔치를 그린 8폭의 병풍.

해금, 천년의 이야기

민간 풍류와 해금

조선시대 작자미상의 풍속화 (국립중앙박물관)

　민간에서 행해졌던 풍류의 기록은 문집과 그림을 통해 확인할 수 있다. 우선 민간 풍류 속에 해금이 가장 먼저 나오는 문헌은 가객歌客 김천택金天澤이 엮은 시조집 『청구영언靑丘永言』이다. 『청구영언』은 현존하는 시조집 가운데 가장 오래된 시조집으로, 영조 때인 1728년에 편찬된 것이다. 풍류 묘사의 시기가 구체적으로 언제인지는 알 수 없으나 편찬 연대 이전인 것은 분명하다.

　해금이 비파와 함께 연주되는 것은 민간 풍류 그림에서는 전혀 발견되지 않는다. 그러나 관청이 주도한 연향악에는 비파가 대개 편성되었던 점에서 차이가 있다.

김약정(金約正)[089] 자뉘난 술을 장만ㅎ고…

해금(嵆琴), 비파, 적, 피리, 장고, 무고(巫鼓) 공인(工人)이란 내

가 담당함세

— 김천택,『청구영언』〈계면낙시조〉

다음은 줄타기 재주를 부리면서 해금 연주하는 모습을 보여주
는 기록이다. 조선 후기의 실학자 성호 이익李瀷. 1681~1763이 쓴『
성호사설星湖僿說』에 기록된 내용이다. 당시 민중 속에서 해금이
얼마나 친근했는지 상상할 수 있다.

요즈음 와서는 이런 재주가 더욱 교묘해져서 마주 서서 춤을 출
뿐만 아니라 더러는 능란하게 몸을 번드쳐서 재주를 넘고, 손으
로 해금(奚琴)을 퉁기는 등 흔들거리고 기울어지기도 하되 능히
아래로 떨어지지 않으니, 교묘한 재주들이 이와 같다. 혹 그 이
유를 물으면, "외줄 타기가 쌍줄 타기보다 쉽다."고 대답한다…

— 이익,『성호사설』제5권〈만물문 답색연당〉

김수장[090]의 풍류놀음 기록은 1760년 무렵의 풍류를 묘사한 것

---

089 조선시대에 권선징악과 상부상조를 목적으로 만든 향촌의 자치규약인 향약의 일을
맡은 직책.

090 金壽長(1690~?): 조선 숙종·영조 때 활약한 대표적 가객·시조작가. 자는 자평(子平),

  해금, 천년의 이야기

으로 추정된다. 기록된 두 작품 모두 '가즌 해적'이라는 표현이 있는데 '해적'은 해금과 대금 등의 관악기를 함께 지칭한 것이 아닌가 추측된다. 해동가요의 편찬자답게 당시의 가악歌樂 속에서 해금이 함께 어울렸던 정경을 나타내고 있다.

노릐갓치 죠코 죠흔줄을 벗님네 아둣든가

춘화류(春花柳) 하청풍(夏淸風)과 추명월(秋明月) 동설경(冬雪景)에

필운소격탕춘대(弼雲昭格蕩春臺)와

한북(漢北) 절승처(絶勝處)에 주효란만(酒肴爛漫)한듸

죠흔 벗 가즌 해적(嵆笛) 아름다온 아모가히 제일명창들아…

명기가반(名妓歌伴) 기회ᄒ야 세악을 전도하고

수륙진미 오륙 마대 금강산 도라들어…

산영루에 놀라안주 화전에 점심ᄒ고

가얏고 거믄고에 가즌 해적(嵆笛) 섯겻는듸

남녀가창으로 종일토록 노니다가…

— 김수장, 풍류놀음

<hr>

호는 노가재(老歌齋). 김천택과 함께 경정산 가단을 결성하여 시조 보급에 힘썼고 3대 시조집의 하나인 〈해동가요 海東歌謠〉를 편찬했으며, 1760년 서울 화개동에 노가재(老歌齋)를 짓고 가악활동을 주도했다. 숙종 때 기성서리(騎省書吏)를 지냈다.

이덕무李德懋의 〈계사년 봄 유람기〉는 풍류와는 다소 거리가 있지만 거리의 악사인 듯한 노인이 가야금·해금 병창을 하는 모습을 묘사하여 당대의 음악상을 보여 준다.

> 저녁에 청석동에서 잠을 잤다. 깊숙한 골짜기는 고요한데 암석에 부딪치는 물소리만이 구슬피 울릴 뿐이다. 황혼이 되자 다리에 반점이 있는 모기떼가 앵앵거린다. 연암과 영재 두 분과 함께 길거리로 놀러 나오니, 어떤 노인이 가야금을 타고 또 해금(奚琴)을 켜면서 노래를 잘 부른다. 다시 입을 오므려 잎피리를 불자 소리가 웅장하고 구슬퍼 바위와 숲을 메아리친다…
>
> ─ 이덕무091 『청장관전서』 제3권 〈계사년 봄 유람기〉

다음 살펴볼 기록은 조선시대 후기 실학자인 영재冷齋 유득공柳得恭 1748~180의 『영재집』에 실린 해금 명인에 대한 것이다. 유득공은 자신의 시문집인 『영재집』에 당시 실존인물인 해금 명인 유우춘의 생애를 전기화한 한문단편소설 〈유우춘전柳遇春傳〉을 남겼다.

---

091 이덕무(1741~1793): 조선 후기의 실학자. 규장각에서 활동하면서 많은 서적을 정리·교감했고, 고증학을 바탕으로 한 많은 저서를 남겼다. 1778년(정조 2) 사은 겸 진주사(謝恩兼陳奏使) 심염조(沈念祖)의 서장관으로 청의 연경(燕京)에 갔다 왔다.

〈유우춘전柳遇春傳〉에서는 당시 실학자들이 풍류를 즐기며 거문고, 해금을 직접 배웠던 상황이 그려져 있으며, 걸인들이 해금으로 영감·할멈·어린애, 닭·오리·풀벌레 소리 등을 묘사하는 정경이 나타나 있다. 이러한 구체적인 기록은 당시 사회 속의 해금을 이해하는데 중요한 자료를 제공하고 있는데, 이야기 속에서 유우춘은 저급한 대중적인 음악과 고급 순수음악 사이의 갈등을 겪고 있다. 유우춘의 모습을 통해 해금을 배워 즐기려 한 조선 후기 선비 사회를 확인할 수 있고, 해금의 특성인 다양한 표현 기법과 이에 대해 대중적으로 호감이 있었다는 것도 알 수 있다. 따라서 〈유우춘전〉은 단순한 풍류 속 해금 기록을 넘어서는 매우 중요한 사료라 할 만하다.

나는 해금을 얻어 가지고 가서… 유우춘·호궁기(扈宮其)는 나란히 해금으로 유명하지 않던가? 대개 거지들은 깡깡이를 들고 남의 문전에서 영감·할멈·어린애, 닭·오리·풀벌레 소리를 내다가 곡식 몇 줌 받아들고 가지 않던가? 자네의 해금은 바로 그런 따윌세.

작은 아우는 용호영(龍虎營) 구실을 다니는데 해금을 잘 켜서 요즘 세상에서 '유우춘의 해금'이라 일컫는 것이 바로 내 아우라오.

우춘은 해금을 타는 옆으로 다가 앉아서 해금을 빼앗아 들고, '
유우춘의 해금을 안 들을 수 있겠소' 하더니, 능란한 솜씨로 서
서히 켜기시작했다. 그 처절 강개한 곡조는 이루 말로 그려낼 수
없었다.

내가 처음 해금 공부를 시작한 3년 만에 성취했는데, 다섯 손가
락에 못이 다 박혔다우. 기술이 더욱 높아갈 수록 급료는 늘지
않고 세상 사람들이 몰라주는 것은 더욱 심하답니다… 저 거지
는 허름한 해금 한 벌 가지고 하루의 벌이가 말 곡식에 돈 한 웅
큼이 모인다오… 지금 유우춘의 해금을 온 나라가 알고 있다지
만 이름만 듣고 아는 따름이요, 정작 해금을 듣고 아는 자 몇이
나 되겠습니까?

처음에 요취곡(鐃吹曲)을 타다가 가락이 바뀌어 영산회상이 울
립니다. 이때에 손을 재게 놀려 한 새로운 곡조를 켜면 엉켰다
가 다시 사르르 녹고, 목이 메었다가 다시 트이지요… 좋다, 좋
다! 하며, 그 곡이 가장 호탕한 양 여기고 오히려 하잘 것 없는 것
임을 깨닫지 못합니다… 이제 선생이 공력이 적게 들이고도 금
방 세상 사람들이 날 알아주는 것을 버리고 공력은 많이 들지만
세상 사람들이 알아주지 않는 것을 구태여 배우려 하시니 또한

딱하지 않습니까?… 우춘의 말에 '기술이 더욱 높아갈 수록 세상 사람들이 더욱 알아주지 못한다' 고 한 것이 어찌 해금에서만 그칠 것인가!

— 유득공, 〈유우춘전〉

앞의 〈유우춘전〉에서 해금이 묘사한 소리 외에도 조수삼趙秀三의 〈계금수稽琴叟〉에서는 해금으로 한층 더 다양한 표현을 했음을 알 수 있다.

해금을 켜면서 쌀을 구걸하던 사람을 보았는데… 그는 여러 가지 흉내를 해금으로 그려냈는데, 이를테면 음식을 과식한 사람이 배가 아파 소리지르는 시늉, 장독 밑으로 쥐가 들어갔노라고 외치는 소리, 남한산성의 도둑이 이 구석 저 구석으로 달아나는 시늉 등을 내었다

— 조수삼[092], 〈계금수〉[093]

다산茶山 정약용丁若鏞은 「천진소요집天眞消搖集」에서 해금이 일반 민중들에게 친근한 악기였음을 남기고 있다. 그는 어린아이가

---

092 조수삼(1762~1849)은 조선 후기의 중인 출신 위항시인으로 청나라를 6차례나 다녀왔으며, 전국 각지를 여행하며 자연과 풍물을 읊은 시를 많이 남겼다.

093 혜금수(嵇琴叟)를 계금수(稽琴叟)로 잘 못 쓴 것 같다. '수(叟)'는 늙은이의 뜻이다.

해금을 다루고 있는 장면을 시로 남겼다. 이 시는 정약용이 18년 만에 유배에서 풀려나 66세인 1827년 경기도 광주의 천진암을 찾아가 지은 「천진소요집天眞消搖集」에 실린 시로, 배를 타고 송파에 이르렀을 때 지은 글이다.

초막집은 예전대로 푸른 강가에 있는데

늦바탕 복을 잘 지키어 내 마음 위로되누나

늙은 마부는 수척해도 달마를 잘 부리고

어린 손자는 영리하여 해금을 다룰 줄 아네…

— 정약용, 『다산시문집』「천진소요집」

1840년헌종 6년에 지어진 〈한양가〉는 당시의 풍류를 잘 표현하고 있다. 거문고, 피리, 해금, 장구 등의 풍류 모습과 소리의 느낌을 실감나게 기록하고 있다.

화려한 거문고는 안족을 옮겨놓고

문무현 다스리니 농현소리 더욱 좋다

한만(閑漫)한 저 다스림 길고 길고 구슬프다

피리는 춤을 받고 해금은 송진 긁고

장고는 굴네 조여 더덕을 크게 치니

관현의 좋은 소리 심신이 황홀하다

― 한산거사(漢山居士), 〈한양가〉

해금은 일반 민중으로부터 양반들의 풍류에 이르기까지 폭넓게 애용되었는데, 김진형金鎭衡. 1801~1865이 1853년에 지은 〈북천가北遷歌〉에서 명천明川의 기생 군산월君山月이 해금을 연주한 정경을 그리고 있다. 약 400년 전 연산군 때 해금을 연주한 기생 옥경과 광한선廣寒仙 이후 처음 기록된 해금 연주 기생이다.

방으로 들라하여 이름 묻고 나 물으니

한 년은 매홍인데 방년이 십팔이요 하나는 군산월이 십구세 꽃이로다.

화상 불러 음식하고 노래시켜 들어보니

매홍이 평우조는 운우(雲雨)가 흩어지고

군산월(君山月)이 해금소리 만학천봉 푸르도다

― 김진형, 〈북천가〉

다음은 작자 미상의 사설시조로 거문고, 생황, 양금, 해금, 대금, 피리 등의 기악에 가곡을 풍류로 즐기는 모습을 그리고 있다.

임천(林泉)의 초당짓고 만권 서책 싸아놋코

오추마 살지게 메게 흐르는 물가의 굽씩겨 세고

보라매 길드리며 절대 가인 겻헤 두고

벽오 거문고 새줄언저 세워두고

생황 양금 奚琴 저 피리

일등미색 전후창부 좌우로 안저 어쪼로 농낙헐제

아마도 이목지소호(耳目之所好)와

무궁지지소락(無窮之至所樂)은 나뿐인가 ᄒ노라

— 작자 미상, 사설시조

이처럼 해금의 연주 기록은 다양하게 나타나고 있는데 줄타기를 하면서 해금 연주 시늉을 하거나, 가악歌樂 속에서 해금이 함께 어울리기도 하고, 해금 병창을 하는 거리의 악사가 기록되기도 하였다.

여러 문헌을 통해 당시 선비들이 풍류를 즐기며 해금을 배우기도 했고 걸인들은 다양한 소리를 표현했으며, 어린이들도 해금을 연주하였음을 알 수 있다. 또한 기생들이 그 선율을 울리는 모습도 찾아볼 수 있었다. 조선의 남녀노소 모두에게 친근한 악기로 자리하며 매우 다양한 계층에서 해금을 즐긴 것을 확인할 수 있다.

풍류의 해금 그림

민간 풍류와 해금

　조선시대 문집 외에 살펴볼 민간 풍류의 해금 기록은 다양한 그림들이다. 그림의 연대는 1602년부터 19세기 초까지로 약 200여 년간의 민간 풍류를 묘사하고 있다. 따라서 이 그림 자료의 연대는 해금을 가장 먼저 기록한 1728년의 『청구영언靑丘永言』보다 훨씬 앞서는 것이다.

　연대가 가장 앞서는 그림인 풍산김씨 세전서화첩은 1725년에 그려졌으나 그림의 실제 내용들은 그 이전인 1602년에 있었던 사실을 묘사하거나 후일 다시 그린 것이므로 풍류 모습의 연대는 실제로 훨씬 앞선다고 할 수 있다.

　그림에서 나타난 해금 연주의 양상에 따르면 당시의 민간 풍류는 주로 삼현육각 편성으로 무용에 반주를 하는 내용이 많고, 생황이 함께 편성되거나 거문고가 포함된 경우도 있다.

1519년 《애일당구경첩》〈기묘계추화산양로연도〉 (한국국학진흥원)
이현보의 안동부사 시절 베푼 양로연 그림으로, 해금, 장고, 피리, 비파, 대금의 연주
장면.

1724년 〈담락연도〉 (국립중앙박물관)
월성 이씨의 집안 잔치를 그린 그림으로, 삼현육각의 반주에 처용무를 추는 장면.

1724년 〈담락연도〉 (국립중앙박물관)
양반들의 춤에 삼현육각 반주.

 해금, 천년의 이야기

18세기 〈동래부사접왜사도〉 (국립중앙박물관)
동래부사가 일본 사신을 접대하는 기록화. 대금, 해금, 피리2, 장고, 좌고의 삼현육각 편성.

1745년 《평양감사환영도》〈부벽루연회〉 (국립중앙박물관)
삼현육각의 반주 속에 무고와 검무의 공연 장면.

해금, 천년의 이야기

18세기 〈태평성시도〉 (국립중앙박물관)
조선 후기 작자 미상의 8폭 병풍. 성시(城市)의 다양한 인물들이 묘사된 회화.
기녀 둘의 검무와 삼현육각에 생황이 더해진 반주.

18세기 《평양감사향연도》〈월야선유도〉 (국립중앙박물관)
평양감사의 부임 축하를 위해 밤에 횃불을 밝히고 대동강에서 뱃놀이하는 장면.
해금, 생황, 대금, 피리 연주.

18세기 김홍도의 〈무동〉(한국국학진흥원)
김홍도가 30대 말에 그린 것으로 추정되는 풍속화첩 25폭 중 하나.
무동의 춤에 해금, 대금, 피리2, 장구, 좌고의 삼현육각 반주.

1814년 〈수갑계첩〉 (국립중앙박물관)
한성의 중부 약석방(藥石坊) 정윤상(丁允祥)의 집에서 동갑인 22명의 중인들의 연회.
해금, 장고, 피리 둘, 대금, 거문고 연주.

해금, 천년의 이야기

19세기 초 신윤복의 〈쌍검대무〉 (국립중앙박물관)
삼현육각 반주의 검무 공연도.

19세기 초 신윤복의 〈납량만흥〉 (국립중앙박물관)
장고, 피리 둘, 해금.

19세기 초 신윤복의 〈상춘야흥〉 (국립중앙박물관)
대금, 해금, 거문고의 풍류.

19세기-20세기 초 기산 김준근의 《기산풍속화첩》〈줄타기〉(국립중앙박물관)
삼현육각 반주.

19세기-20세기 초 기산 김준근의 《기산풍속화첩》〈검무〉 (국립중앙박물관)
삼현육각 반주.

위) 일제강점기 평양의 기성기생양성소 기생들의 검무. (국립중앙박물관)
아래) 엽서에 나타난 일제강점기 악사들. (국립민속박물관)

세계의 찰현악기

Sarangi (Gurmatsangeetorg, Wikimedia, CC BY 2.0)

해금과 비슷한 악기들

활을 이용해 연주하는 찰현악기는 전세계에 걸쳐 다양한 형태
와 이름으로 불려지면서 먼 옛날부터 현재까지 널리 연주되고 있
다. 해금과 비슷한 악기들은 중국의 얼후二胡, 베트남의 Dan nhi,
캄보디아의 Tro u, 태국의 So duang, 인도의 Ravanastron, 티벳
의 Piwang 등이다. 중국의 얼후는 복판에 뱀가죽을 사용하지만
판호는 해금처럼 나무를 사용한다. 베트남의 찰현악기에는 Dan
nhi, Dan gao가 캄보디아에는 Tro, Tro u가 있다. 태국의 Sor
duang은 중국의 호금에서 유래된 것으로 생김새와 연주법도 호

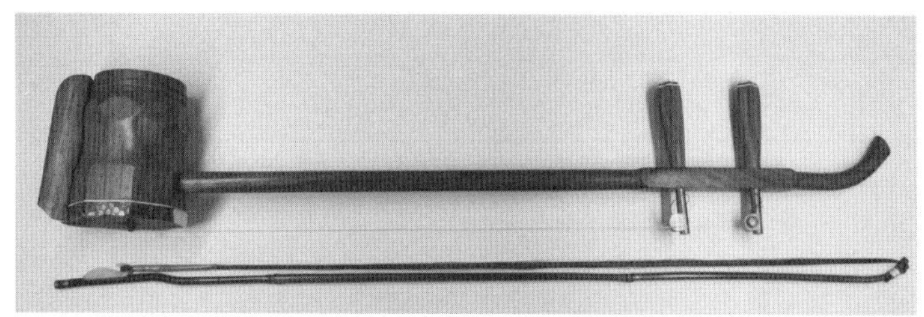

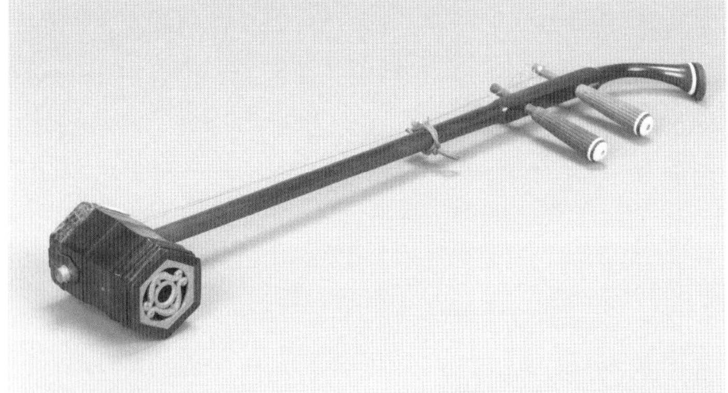

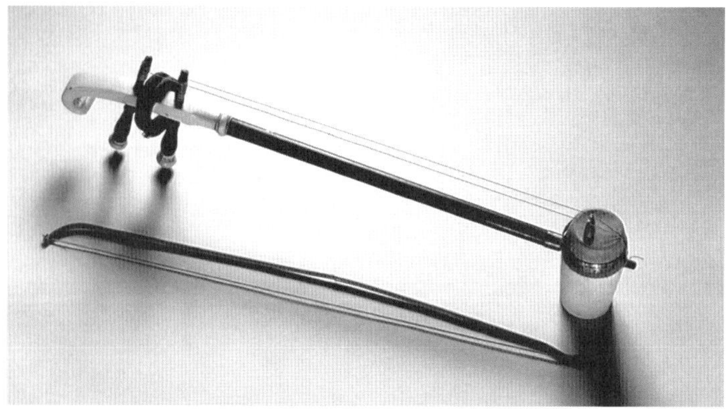

(위에서 부터)
중국의 二胡 (국립국악원)
베트남의 Đàn nhị (국립민속박물관)
태국의 Sor duang (메트로폴리탄미술관)

 해금, 천년의 이야기

금과 같고 Sor oo, Sor lo는 몸통을 코코넛으로 만든다.

인도에서 Ravanastron, Ravanhatta, Ravanahatha, Ravanahasta veena 등 여러 이름으로 불리는 해금과 비슷한 두 줄의 악기가 있다. 이 악기는 인도의 서북부 라자스탄Rajasthan 지역의 대표적인 민속악기로 울림통은 코코넛 껍데기를 잘라 한쪽에 염소 가죽을 씌운 철사 한 줄과 말총 한 줄의 두 줄 악기이다. 활은 말총으로 만들고 활대의 한쪽 끝에 방울이 달려 있어 연주할 때 함께 소리 나는 것이 특징이다.

찰현악기는 먼 옛날부터 현재까지 전세계 여러 민족 사이에서 다양한 형태와 이름으로 널리 연주되고 있으며, 여기는 대표적인 세계의 찰현악기에 대해 살펴보자.

Ravanhatta 연주 모습 (Sayanava Saha Biswas, Wikimedia, CC BY-SA 4.0)

세계의 찰현악기

아랍의 Rebab(rubab, rabab, ribab, rababa)

여기서 말하는 아랍은 아랍은 아랍어를 사용하면서 이슬람교를 믿는 지역으로, 사우디아라비아가 있는 아라비아 반도와 북아프리카를 폭넓게 포함한다.

레밥은 아랍의 대표적인 찰현악기擦絃樂器이다. 이슬람 세계의 무역로를 통해 북아프리카, 동남아시아, 중동, 중앙아시아 각지로 전파되었다. 11세기에는 레밥이 스페인을 비롯한 서유럽 각지로 전파되었는데 이는 레베크의 등장으로 이어지게 된다. 아랍에서 페르시아이란와 터키로 전해졌으며, 케멘체라고 불리면서 그 형태도 많이 변하였다. 인도네시아나 태국에도 아랍의 레밥과 흡사한 형태의 악기가 전해졌다.

레밥은 페르시아의 옛 주법인 지탄指彈 혹은 발탄撥彈으로 시작하여 궁찰弓擦 주법도 사용하게 되었다. 시간이 흐르면서 회교의 동점東漸⁰⁹⁴에 따라 멀리 전파되었고, 레밥이라는 이름으로 여러 가지 악기가 만들어졌다. 악기의 본체는 아랍의 레밥과 서로 다르지만, 대부분 활로 탄다는 점에서 서로 비슷하다. 모양은 다

---

094 이슬람이 동쪽으로 점차 전파되며 확산되는 과정을 통해 각 지역의 전통문화와 융합되어 다양한 지역적 특색을 지닌 문화로 발전하였다.

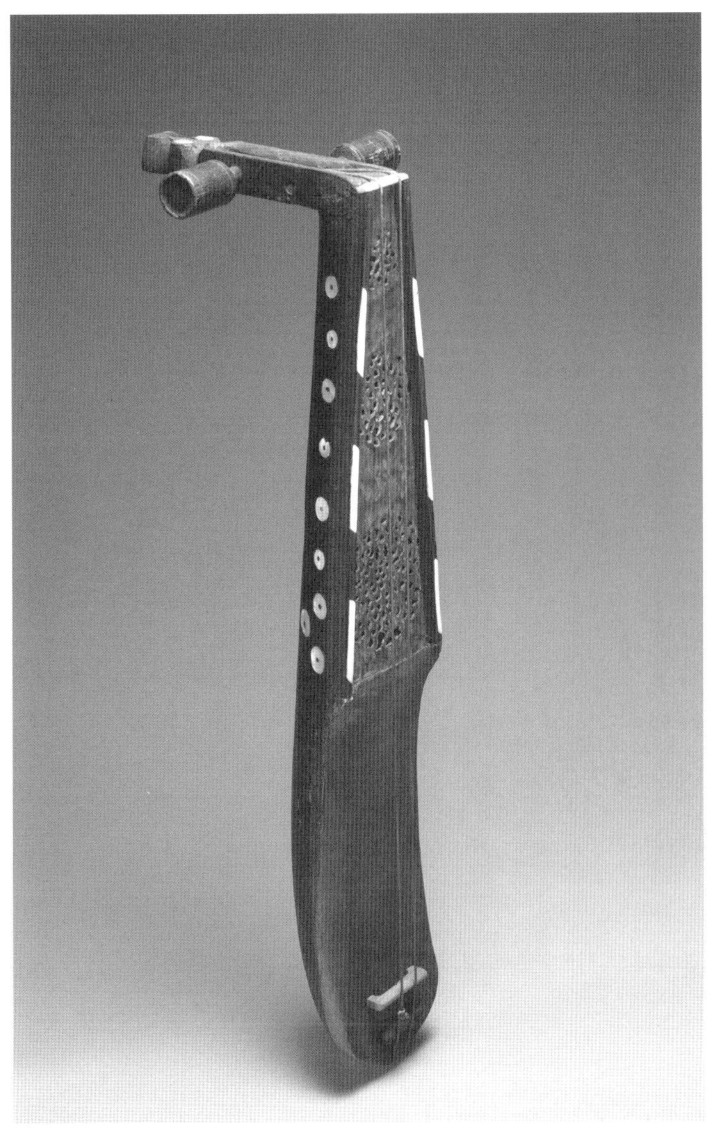

알제리 혹은 모로코의 19세기 후반 Rebab (Wikimedia)

르고 이름만 같은 악기는 인도, 자바, 셀레베스[095]의 각지에서 흔히 보인다.

레밥은 서양배, 보트, 원형, 사다리꼴, 직사각형과 같이 서로 다른 다양한 모양을 갖고 있다. 레밥 하단에는 악기가 바닥에 닿을 수 있도록 받침대인 스파이크 피들spike fiddle이 있는데 여기서 발전한 몇몇 악기들은 작은 스파이크 부분을 갖고 있다. 몸통의 앞부분은 양의 가죽으로 덮여 있고 긴 목 부분과 이어져 있다.

몽골의 마두금

마두금은 해금처럼 말총의 활로 줄을 문질러 소리내는 두 줄짜리의 찰현악기인데, 긴 목의 끝 부분이 말 모양의 장식으로 꾸며졌다. 몽골어로 쿠우르라는 말은 현악기를 총칭하기도 하며 반드시 남자들만 연주한다.

태국의 Sor sam sai와 캄보디아의 Tror khmer

Sor sam sai는 태국과 캄보디아의 3현 스파이크 피들이다. 태국에서는 Sor sam sai, 캄보디아에서는 Tror khmer 또는 Tror khmai라고 부른다. 자른 코코넛 껍질에 가죽을 씌워 만든 울림

---

095 셀레베스 섬은 인도네시아 중앙 동부에 있으며 셀레베스해는 태평양의 남서부인 보르네오, 민다나오, 셀레베스의 각 섬에 둘러싸인 해역을 말한다.

    해금, 천년의 이야기

마두금 연주자의 오케스트라 협연 (Wikimedia)

통을 긴 목과 스파이크가 관통하는 구조이며, 현은 4도 간격으로 조율된다.

태국의 세 줄로 된 소삼사이는 인도네시아 자바섬에서 발달한 전통 음악과 그 연주 체계인 자바 가멜란의 레밥처럼 하트형의 몸통과 긴 스파이크를 지닌 찰현악기인데 연주법은 레밥과 비슷하다. 주로 독주악기로 연주되나 성악의 반주로도 쓰인다.

소삼사이의 유래는 아직 정확하게 밝혀지지 않았다. 페르시아 문화권의 카만체와 아랍 문화권의 레밥 등이 해상 교역로를 통해

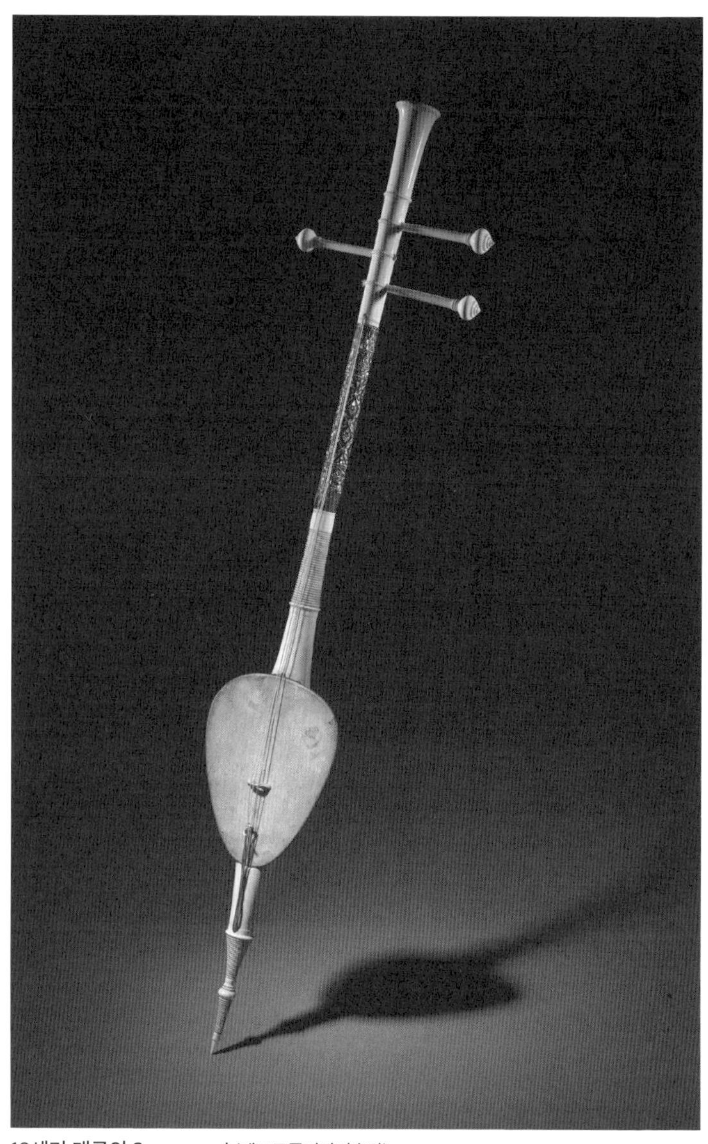

19세기 태국의 Sor sam sai (메트로폴리탄미술관)

직간접으로 태국과 캄보디아에 전해져 태국의 소삼사이와 캄보디아의 뜨로 크마이가 탄생했을 가능성이 크다. 간접적으로 전해졌을 경우 소삼사이와 형태가 유사한 인도네시아와 말레이시아의 레밥이 매개가 되었을 가능성이 있다[096].

동남아시아의 Rebab

레밥이 동남아시아로 전파된 시기와 경로는 알려져 있지 않지만, 12세기 말 이후 인도를 거쳐 전파된 것으로 추정한다. 동남아시아의 레밥은 악기를 바닥에 고정시킬 수 있는 스파이크다리, 지지대가 몸통 밑에 부착된 스파이크 피들이며, 2~4개의 현을 활로 켜서 연주하는 찰현악기이다[097].

고대 페르시아의 Kemenche

Kemenche는 고대 페르시아의 대표적인 악기로서 코코아 열매 반쪽에 긴 막대를 끼워 만들었다. 그 후 다양한 형태의 궁찰弓擦악기 이름이 되었다. 그 악기들은 각각 중동, 아르메니아, 그리스, 이란, 터키, 아제르바이잔, 흑해 인접 지역에서 만들어진 것이다. 이 악기들은 민속악기로서 Kemençe라는 이름은 작은 활

096　So sam sai. 네이버지식백과, 윤인영·유경아·민은기.
097　Rebab. 네이버지식백과, 이재용, Nikolen Pujiningtyasi, 국립극장 예술교육팀, 심은섭·민은기.

small bow의 뜻을 가진 이란의 Kamancheh에서 유래한 것이다.

Kemenche는 울림통 아래에 끝이 뾰족한 막대가 있어 스파이크 피들spike fiddle로 분류되며, 활을 가지고 연주하는 찰현악기이다. 지역에 따라 조금씩 다른 명칭으로 불리는데 이란의 kamāncheh, 아르메니아의 k′emanch′a, 아제르바이잔에서는 kamancha, 조지아의 kemanche, 이라크의 kamāna-l-baghdādiyya 등이 그것이다. Kemenche는 목이 짧은 찰현악기를 포함하기도 하지만 이러한 악기를 터키에서는 케멘체, 아르메

1880년 이란의 Kamānche와 1800-1825년의 Kemanche를 연주하는 궁정음악가
(Wikimedia)

니아에서는 카만k'aman 또는 카마니k'amani라고 구분해서 부르기도 한다. 이 악기는 10세기 문헌에서 찾아 볼 수 있으며, 11~12세기경 현재 터키 지역인 아나톨리아Anatolia를 거쳐 비잔티움에 전해졌다. 이란에는 15세기 또는 그 이전부터 존재한 것으로 보인다.

인도 라자스탄 지역의 Kamaicha

카마이차는 이름이 같은 페르시아 악기를 인도 라자스탄 지역에서 만든 것이다. 악기 전체는 망고 나무로 만들며 앞부분을 염소 가죽으로 덮는다. 주요 연주를 담당하는 세 개의 현은 염소 내장으로 만들며 이외 공명현을 위한 나머지 현은 가느다란 쇠줄로 만든다. 운지법은 마두금과 비슷하여 손톱 윗부분으로 현을 눌러 연주한다.

중앙아시아의 Kobyz와 Ghijak

Kobyz는 중앙아시아 카자흐족의 두 개의 현을 가진 찰현악기는, 예로부터 신성한 악기로 여겨져 왔다. 처음엔 샤먼들만 연주할 수 있었지만 나중에는 역사를 전하는 이야기꾼과 가수들도 사용하게 되었다.

코비즈의 울림통은 대개 염소가죽으로 씌운다. 코비즈는 예전에 터키의 궁찰弓擦악기였으며 카자흐, 타타르인들에게 전파되었

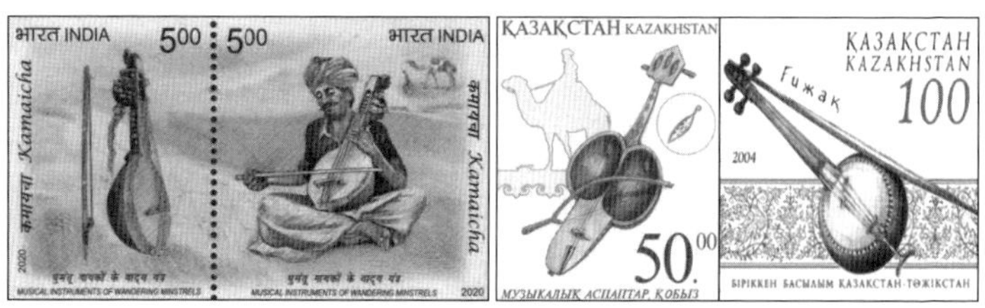
Kamaicha가 그려진 인도 우표와 Kobyz와 Gizhak이 그려진 카자흐스탄 우표 (Wikimedia)

다. 키르기스스탄의 코비즈는 Kyl-kyyak이라고도 한다.

Ghijak은 몸통 아래에 긴 스파이크가 달린 3~4현의 스파이크 피들로 페르시아의 kamancheh와 밀접한 관련이 있다. 아프가니스탄, 우즈베키스, 위구르, 타지크, 투르크멘 뿐만 아니라 우즈베키스탄 북서부인 카라칼파크 지역과 신장 지역 사람들이 사용한다. 지역별로 악기의 생김새나 명칭이 달라 이들을 명확히 구분하는 것은 매우 어렵다.

아프가니스탄 북부 지역에서 사용되는 깃작은 공명통의 독특한 소재와 형태가 특징적이다. 카만체 유형의 깃작은 대개 나무나 박gourd으로 만든 둥근 공명통으로 되어 있지만, 아프가니스탄 북부에서는 양철 소재로 된 직육면체형의 빈 깡통tin-can을 공명통으로 사용하는 경우가 많다.

비잔틴 지역의 Lyra

비잔틴 리라는 3현~5현의 서양 배 모양의 악기로 중세6세기~15
세기 비잔틴제국의 궁찰弓擦 악기이다. 비잔틴 제국은 동로마제국
395~1453을 말하며 옛 비잔틴 영토에서 원형에 가까운 형태로 남
아 연주되고 있다.

스페인의 Rebec

Rebec은 원래 루베베rubebe라고 불렸으며, 11세기에 아랍의 비
슷한 악기인 라바브rabāb에서 발전하여 이슬람 문화와 함께 스페
인으로 전해졌다. 라바브와 마찬가지로 몸체가 얇은 배 모양pear-

1260년 스페인 안달루시아 (Wikimedia)

shaped이지만 나무 공명판과 지판이 사용되었다. 리라와 발칸 반도의 유사 악기인 구슬라gusla, 가둘카gadulka도 레베크와 밀접하게 연관이 있다.

동슬라브족의 악기 Gudok

Gudok은 주로 러시아 농민들이 사용하며 루바브와 비슷한 3현 찰현악기이다. gudok, gudochek는 예전 동슬라브족인 러시아인, 우크라이나인, 벨라루스인의 악기였다.

불가리아의 Gadulka

Gadulka는 불가리아Bulgaria의 전통 찰현악기이다. 불가리아에서는 노래나 춤을 반주할 때 뿐만 아니라 결혼식이나 거리의 행진에서도 가둘카를 연주했다. 또한 가수들은 가둘카 반주에 맞춰 영웅 서사시를 노래하기도 했다. 가둘카는 원형 혹은 삼각형의 머리, 짧은 목, 서양배Pear 모양의 몸통과 활로 이뤄져 있다. 현은 세 줄인 경우가 많고, 좋은 울림을 위해 공명현Sympathetic strings을 사용하기도 한다.

가둘카는 고대 그리스의 리라Lyre와 터키의 케멘체Kemençe에서 유래한 것으로 추정된다. 리라에는 발현 리라와 찰현 리라의 두 종류가 있고, 찰현 리라의 경우 두 가지 연주 방법이 있다. 하

불가리아의 가둘카 (Wikimedia)

나는 무릎 위에 악기를 세워놓고 활로 현을 그어 연주하는 것이고, 또 하나는 악기를 턱과 어깨 사이에 끼우거나 가슴에 대고 연주하는 것이다[098].

발칸반도의 Gusle

Gusle는 발칸반도에 위치한 여러 지역을 중심으로 퍼져있는 민속악기로 세르비아, 불가리아, 알바니아, 몬테네그로 등에서 연주한다. 구슬라는 3~4현의 불가리아 악기인 '가둘카gadulka'를 가리키기도 한다.

---

098 Gadulka. 네이버 지식백과, 이보경·심은섭·민은기.

몬테네그로와 세르비아의 구슬레 (Orjen, Wikimedia, CC BY-SA 4.0)

해금, 천년의 이야기

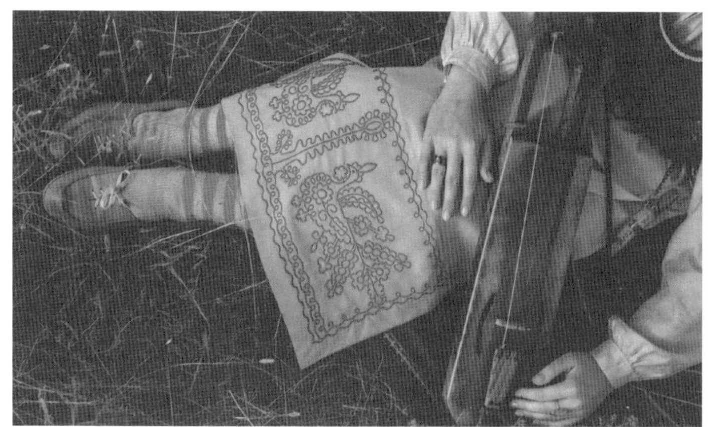

Jouhikko (Vidgestr, Wikimedia, CC BY-SA 4.0)

중세의 레벡, 그리스의 리라와 관계가 있으며 한 줄로 된 찰현악기이다. 악기 상부에 말 또는 양 머리가 장식되어 있다.

북유럽의 Talharpa(tagelharpa-'tail-hair harp')

Talharpa는 북유럽에서 유래한 4현의 궁찰弓擦 리라Lyre이다. 예전에는 스칸디나비아 지역 전반에 걸쳐 널리 퍼졌지만 현재는 에스토니아와 특히 스웨덴 지역에서 주로 연주된다. 핀란드의 jouhikko, 영국 웨일즈의 crwth와 비슷하다.

중앙아시아의 Ghaychek(Ghaychak / Qaychak)

Ghaychek는 페르시아의 동쪽 지방에서 민속악기로 널리 연주

Sarangi (Hans Skoglund, Wikimedia, CC BY 4.0)

되며, 아프가니스탄과 파키스탄, 타지키스탄에서도 많이 사용된다. 짧은 목과 타원형의 몸통을 지닌 Ghaychek은 여러 줄을 지니고 있지만 실제로 선율을 연주하는 줄은 두 줄 뿐이고 그 나머지는 모두 공명줄이다.

인도의 Sarangi

인도의 유랑 음악인들이 가장 즐겨 연주하는 악기가 Sarangi이다. 이 악기는 회교국이었던 16세기 무갈제국 시절부터 거리의 악사들이 많이 연주했다는 기록이 있다. 원래 회교권에서 시작되어 북인도에 널리 퍼졌으나, 지금은 인도 전역에서 볼 수 있다. 파키스탄, 방글라데시에서도 연주되며 네팔의 사랑기는 다른 악기이다.

네팔의 Sarangi

Sarangi 는 네팔의 궁찰弓擦 민속악기로 나무를 깍아 만든 몸체와 동물 창자로 만든 줄로 만들었다. 전통적으로는 유랑 음악인들만이 사랑기를 연주하며, 민요나 이야기를 노래할 때 반주로 활용했다. 하지만 오늘날에는 다양한 사람들이 폭넓게 연주하는 악기로 자리잡아 전통 음악 뿐만 아니라 현대 음악에서도 사용되고 있다.

Sarinda (Hans Skoglund, Wikimedia, CC BY 4.0)

중앙아시아의 Sarinda

Sarinda는 중앙아시아에서 처음 사용된 것으로 알려져 있다. 여러 가지 형태로 변했으며 종종 자루 모양의 것도 발견된다. 나무로 만든 몸체와 줄받이가 없는 짧은 목으로 이루어져 있다. 컵 모양의 줄감개 통에 측면으로 줄감개들이 꽂혀 있으며, 말총으로 만든 3개의 현이 있다. 북인도에서는 사랑기로 변형 발전되었는데, 대개 금속 현이 하나 더 추가되었다. 사린다는 Dhodro Banam이라는 악기에 기원이 있는 것으로 보인다.

경계를 넘나드는 조화로운 악기

찰현악기는 활과 현이 만나 만들어내는 섬세한 울림을 통해 인간의 감정을 세밀하게 표현해 왔다. 이 소리는 단순한 음악적 기교를 넘어, 다양한 민족과 지역의 문화와 전통 속에서 독자적인 색채를 형성하며 발전했다.

해금은 고려시대에 유입된 이후, 조선의 음악 문화 속에서 고유한 음색과 구조를 확립했다. 단순한 구조임에도 불구하고 깊은 울림과 풍부한 표현력으로 우리나라 전통 음악에서 중요한 역할을 담당해 왔다.

세계의 찰현악기는 문화적 교류와 변화 속에서 각 지역의 특색을 반영하며 발전했다. 아랍의 레밥은 동아시아와 페르시아를 거치며 다양한 방식으로 변주되었고, 몽골의 마두금은 초원의 정서를 담아내며 독창적인 음색을 구축했다. 이러한 악기들은 단순한 음악의 도구를 넘어, 지역과 그 지역에 사는 사람들의 정체성, 그리고 예술적 열망을 반영하는 중요한 요소가 되었다.

찰현악기의 확산과 발전 과정은 인간의 음악적 사고와 창의성이 어떻게 문화적 경계를 넘어 소통하고 융합할 수 있는지를 보여준다. 활과 현이 빚어낸 조화로운 소리는 시대와 공간을 초월하여 오늘날에도 중요한 가치를 지닌다. 앞으로도 음악적 유산으로 남아 새로운 가능성을 열어가며 다양한 방식으로 발전해 나갈 것이다.

해금, 천년의 이야기

초판 1쇄 발행 2025년 7월 1일
       2쇄 발행 2025년 7월 16일

지은이   최유리
기 획   봄이야기 이정숙 김효정
펴낸이   장지숙
펴낸곳   도서출판 사계
등 록   333 2024 000012
주 소   부산 해운대구 해운대해변로 346 #1102
전 화   051-747-1894
이메일   seasoncom@hanmail.net

ISBN 979-11-987752-2-1 (03670)

*책으로 펼치고 싶은 생각이나 원고를 이메일로 보내주세요.
 책으로 선보일 소중한 생각과 글을 기다리고 있습니다.

*잘못된 책은 구입하신 곳에서 교환해 드립니다.
*책값은 뒤표지에 있습니다.